外派跨文化管理

王国锋　李梦婷　马向军　编著

科学出版社

北京

内 容 简 介

当今越来越多的中国企业加快迈向海外投资的步伐，外派人员在其中扮演着联结总部与海外业务的跨界角色，然而外派中的各种障碍乃至失败限制或阻碍了企业的发展。本书基于中国跨文化外派视角，分析全球管理者环境、文化对跨国管理的影响、外派相关理论、跨文化人力资源管理模式，以及外派队伍的选拔、培训、文化适应、评估和激励、回任，最终为打造全球经理人服务。本书内容契合"一带一路"倡议以及中国对外投资开辟全球市场的大趋势，将为中国跨国企业、准备跨国经营的企业在国际舞台实现自身目标提供组织管理方面的智力支持。

本书可以作为高等院校工商管理学本科生、研究生的参考用书，也可为国际管理或跨文化管理研究人员提供研究借鉴，以及为政府商务部门和"走出去"企业的相关工作人员提供决策参考。

图书在版编目(CIP)数据

外派跨文化管理 / 王国锋，李梦婷，马向军编著. —北京：科学出版社，2023.2（2025.4 重印）
ISBN 978-7-03-070945-5

Ⅰ.①外… Ⅱ.①王… ②李… ③马… Ⅲ.①企业文化-跨文化管理-研究-中国 Ⅳ.①F279.23

中国版本图书馆 CIP 数据核字(2021)第 261795 号

责任编辑：黄 桥 / 责任校对：彭 映
责任印制：罗 科 / 封面设计：墨创文化

科 学 出 版 社 出版
北京东黄城根北街16号
邮政编码：100717
http://www.sciencep.com

成都蜀印鸿和科技有限公司印刷
科学出版社发行 各地新华书店经销
*

2023 年 2 月第 一 版 开本：787×1092 1/16
2025 年 4 月第二次印刷 印张：9 3/4
字数：230 000
定价：98.00 元
（如有印装质量问题，我社负责调换）

前　　言

　　1978 年开始实行的改革开放，打开了中国与国际加强合作的大门，随后来自发达国家的外商，成为来华投资合作的主体，我国经济活力得到初步迸发。2001 年我国加入世界贸易组织后，在国际合作中，除了外商来华投资外，我国企业也逐渐迈开对外投资脚步。而在 2013 年党的十八大之后提出的"一带一路"倡议，促进了我国对外直接投资的蓬勃发展，加强了我国与沿线国家的"政策沟通、设施联通、贸易畅通、资金融通、民心相通"，极大地改善和推动了"一带一路"沿线国家和地区的经济、社会发展，我国的"朋友圈"越来越大。这些在为我国跨国企业带来机遇的同时，也带来了不同程度的挑战。

　　随着越来越多的中国企业走向海外进行投资，兼并、收购、建立海外公司等行为会越来越普遍。在企业走向全球化的过程中，外派人员扮演着联结总部和海外子公司、分公司的跨界角色，然而外派过程中的障碍或失败给企业、外派人员造成了许多有形和无形的损失，某种程度上，外派人员与跨国企业的海外经营休戚与共。

　　西方国家的对外投资和企业外派活动有更长的历史，产生了更多的研究和实践。西方国家的外派场景主要是将外派人员从发达国家派往其他发达国家或发展中国家，而中国现阶段的外派场景主要表现为外派人员从发展中国家派往发达国家或其他发展中国家，双方制度的差异、文化的不同以及跨文化学者们近来强调的文化距离非对称性(例如从中国派往美国与从美国派往中国的性质完全不同)，都意味着对西方的外派研究或教材内容不能采取"拿来主义"，需要结合中国文化、制度和具体案例进行针对性分析。

　　本书将对外派人员跨文化管理这一主题进行探讨，通过借鉴已有的跨文化管理的理论和外派研究，并主要结合中国跨国企业外派管理的研究结论和实践案例，为现阶段中国企业顺利走出去，以及为跨国公司和外派经理人提供组织管理方面的指导借鉴。本书第 1 章从宏观角度描述了全球管理者面临的经济、政治、法律、科技环境，并强调了其在国际商务中须具有的伦理与社会责任，总结了中国企业海外经营的特点以及中国外派现状；第 2 章阐述了文化与跨国管理的关系，描述了文化的分层及其对组织的影响，以及部分国家的文化特点；第 3 章从理论角度整理了与外派相关的理论，这些理论能够为跨文化外派的实践提供指导；第 4 章从企业层面探讨跨国企业采取的人力资源管理模式，以及影响模式选择的因素；第 5 章主要涉及外派前期外派队伍的配置及外派人员的甄选与培训，并简述了外派管理对跨国企业的三种影响机制；第 6 章着重分析外派过程中的文化适应与文化休克，并针对文化不适应和跨文化沟通提出相关建议和措施，以利于外派人员能更好地适应其他国家的文化；第 7 章同样涉及外派过程，探讨了环境的差异对外派人员绩效评估以及薪酬和激励的影响问题；第 8 章则考虑外派人员任期结束后的回任再适应，并进一步延伸至外派人员职业生涯管理；第 9 章探索如何打造全球管理者，明确外派对培养全球管理者的重要作用、如何管理多文化团队以及跨文化环境下的劳动关系处理。

本书的编写，得益于作者主持的国家自然科学基金青年项目(编号：71302082)以及电子科技大学新编特色教材建设项目的支持。写作过程中，参阅了很多国内外有关国际管理、外派跨文化管理方面的研究和书籍，在此表示致敬与谢意。本书也是研究团队在长期从事外派跨文化管理领域研究后的阶段性工作总结，其中李梦婷、马向军共同参与了本书的编写工作，我所指导的学生熊妍、杨晴、许婷、谭帮学、唐乐、钟海、李航莉、薛春水、王春燕、赵洋、张红月、何东的研究工作为本书的编写积累了相关素材，林奕杉、邓卓航也为本书的资料整理付出许多，大家的共同投入为本书的完成奠定了重要基础。在从事该领域的研究及本书的撰写过程中，得到诸多学者和专家的帮助与支持，尤其是导师井润田老师给予的关心和指导，在此表示衷心感谢！同时，也感谢科学出版社黄桥等编辑的耐心和辛勤工作！

虽然每个作者都希望倾力的投入能够取得满意结果，然而难免有疏漏之处，请广大学界同仁和读者批评指正！我们将积极吸纳并改进提升。

王国锋

2021 年 8 月 24 日

目　　录

第1章 全球管理者面临的环境

环境是影响企业成长的重要变量,同样地,跨国企业的成功经营离不开对环境的了解。因此,本章首先从经济、政治、法律和科技4个方面简述企业目前所处的国际环境,然后阐述企业应当遵守的伦理道德与应承担的社会责任,并且针对中国企业海外经营现状进行简要介绍,使读者能够简要了解中国外派现状。

1.1 经济、政治、法律和科技环境

1.1.1 经济环境

1. 全球经济体系

全球经济体系主要演变为三种类型:市场经济、计划经济(指令式)和混合制经济。

1)市场经济

市场经济又被称为商品经济,是以市场为资源配置中心的经济,在该经济体系下,资源的配置由供求关系决定(即"看不见的手"),私人企业拥有对商品生产和分配的权利,而不是由国家进行引导。市场经济要求市场中的各个参与者地位平等,享有广泛的权利,以契约为纽带构筑彼此之间的社会关系,鼓励竞争以促进创新、提高效率、保证质量和发展经济。

2)计划经济

在计划经济体系下,资源分配、商品生产和产品消费都由政府事先进行计划安排。生产哪种产品、提供哪些服务并不是由市场决定,因此,生产什么、如何生产和为谁生产是由政府决定(即"看得见的手")。企业缺乏主动性和积极性,不利于解决效率和激励的问题,也不利于促进技术的革新和进步。

3)混合制经济

混合制经济是市场经济和计划经济的结合,在这一经济体系下,有些生产领域反映了私人的所有权、供求关系的自由和灵活,有些生产领域则反映了政府的调控作用。换言之,其既有市场的调节,又有政府的干预。政府可以制定一系列与最低工资标准、社会保障、环境保护、公民权利等相关的规定来提高生活水平,同时保证"老弱病残"公民的生活得到照顾。那些关系国家经济命脉的重要产业可能归国家所有,以保证这些产业繁荣发展及整个社会的稳定和谐。

2. 世界三大经济体

世界经济体是指多个国家为了享受优惠贸易政策,从而实现共同的经济利益以应对激

烈的市场竞争而组建的经济共同体或经济合作团体,简称经济体。当今世界存在三大知名的经济体,分别是北美自由贸易区、亚太经济合作组织和欧洲联盟。

1)北美自由贸易区

北美自由贸易区(North American Free Trade Area,NAFTA)是在区域经济集团化进程中,由发达国家和发展中国家在美洲组成。其参与国为美国、加拿大和墨西哥三个国家,1992 年 8 月 12 日,美国、加拿大和墨西哥三国就《北美自由贸易协定》(以下简称《协定》)达成一致意见,同年 12 月 17 日三国领导人分别在各自国家正式签署该协定。1994年 1 月 1 日,《协定》正式生效,北美自由贸易区宣布成立。《协定》的宗旨是:消除贸易壁垒;创造公平的条件,增加投资机会;保护知识产权;建立执行协定和解决贸易争端的有效机制,促进三边和多边合作。

三个成员国必须遵守《协定》规定的原则和规则,如国民待遇、最惠国待遇及程序上的透明化等,借以消除贸易障碍。自由贸易区内的国家货物可以互相流通并减免关税,而贸易区以外的国家则仍然维持原关税及壁垒。

近十年来,北美自由贸易区经济总量呈现持续增长趋势,2010 年其 GDP 总量为 176633亿美元,2019 年已增长至 244385 亿美元,十年增幅 38%(图 1-1)。若 2020 年未受新冠肺炎疫情的影响,预计北美自由贸易区经济总量仍将持续增长,但 2020 年美国深受疫情打击,其增长不容乐观。2021 年 3 月底,美国公布其 GDP 被修正为 209550 亿美元,实际缩减 3.3%,这将致使该经济体难以保持良好的增长势头。

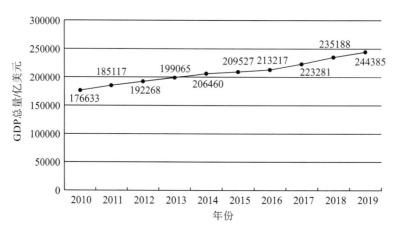

图 1-1   2010～2019 年北美自由贸易区 GDP 总量

(数据来源:世界银行网站[①])

2)亚太经济合作组织

亚太经济合作组织(Asia-Pacific Economic Cooperation,APEC),简称亚太经合组织,是亚太地区重要的经济合作论坛,也是亚太地区最高级别的政府间经济合作机制。APEC的宗旨和目标为"相互依存,共同利益,坚持开放的多边贸易体制和减少区域贸易堡垒"。

1989 年 11 月 5～7 日,亚太经济合作会议首届部长级会议召开,标志着亚太经济合

---

① 网址:https://worldbank.org/en/home。

作组织成立。1993 年 6 月，其更名为亚太经济合作组织。目前，亚太经济合作组织共有
21 个正式成员和 3 个观察员。其 21 个正式成员分别为：中国、中国香港、中国台北、澳
大利亚、文莱、加拿大、智利、印度尼西亚、日本、韩国、马来西亚、墨西哥、新西兰、
秘鲁、巴布亚新几内亚、菲律宾、俄罗斯、新加坡、泰国、美国、越南。3 个观察员分别
为：东盟秘书处、太平洋经济合作理事会和太平洋岛国论坛秘书处。

　　2010～2019 年，亚太经合组织的年度 GDP 总体呈现增长趋势，2010 年其 GDP 总量
为 510890 亿美元，2019 年已增长至 694048 亿美元(图 1-2)，若无疫情影响，预计未来仍
将继续小幅增长。但由于 2020 年疫情肆虐，多国 GDP 不增反降，使得 2020 年亚太经合
组织经济总量难以维持近几年的增长趋势。

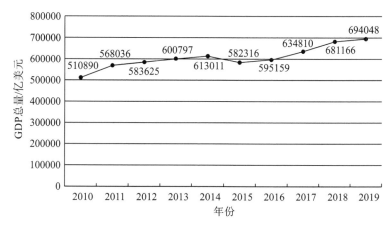

图 1-2 　2010～2019 年亚太经合组织 GDP 总量

(数据来源：世界银行网站)

　　3)欧洲联盟

　　欧洲联盟(European Union，EU)，简称欧盟，由欧洲共同体(European Community，
EC)发展而来，是一个集政治实体和经济实体于一体且在世界上具有重要影响的区域一体
化组织。1991 年 12 月，欧洲共同体马斯特里赫特首脑会议通过《欧洲联盟条约》，通称
《马斯特里赫特条约》(以下简称《马约》)。1993 年 11 月 1 日，《马约》正式生效，欧
盟正式诞生。其总部设在比利时首都布鲁塞尔。

　　2020 年 1 月 30 日，欧盟正式批准英国脱欧，1 月 31 日，英国正式脱欧。截至 2020
年 12 月底，经过多轮激烈谈判，欧盟与英国终于就包括贸易在内的一系列合作关系达成
协议，这为英国按照原计划在 2020 年结束"脱欧"过渡期扫清障碍。英国脱欧后，欧盟
目前拥有 27 个成员国，分别为：奥地利、比利时、保加利亚、克罗地亚、塞浦路斯、捷
克、丹麦、爱沙尼亚、芬兰、法国、德国、希腊、匈牙利、爱尔兰、意大利、拉脱维亚、
立陶宛、卢森堡、马耳他、荷兰、波兰、葡萄牙、罗马尼亚、斯洛伐克、斯洛文尼亚、西
班牙、瑞典。

　　欧盟成立的目标是消除成员国之间的贸易壁垒，使欧盟内部资源自由流动，如同美国
各州之间一样。欧盟力求建立起单一的且一体化的经济市场，并使用单一货币，货币由一
家中央银行管理。欧盟内部的公司可以把生产制造出来的产品运往欧盟内部的任何国家，

而不用交关税，也不会受到配额制度的限制。这样一个统一的欧盟成了一个巨大的经济体。但是，统一的市场并不代表欧盟各国之间文化差异消失，或者文化已经统一起来。

2010～2019 年，欧盟的经济增长情况与北美自由贸易区和亚太经合组织相比逊色不少。2010 年其经济总量（超过 16 万亿美元）甚至为近十年的高峰，而 2019 年其经济总量经过两年增长后仍不足 15 万亿美元（图 1-3）。近些年，欧盟经济增长状态不理想的原因主要由外部和内部双重因素组成。其中外部因素主要有全球经济下滑、国际贸易疲软以及新冠疫情肆虐等；内部因素则有英国脱欧、德国制造业面临周期性疲软和出口疲软、意大利主权债务危机等。

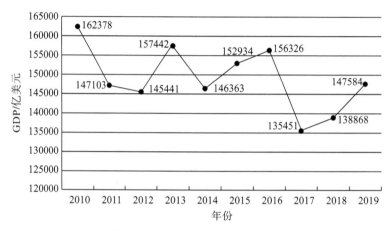

图 1-3　2010～2019 年欧盟 GDP 总量

（数据来源：世界银行网站）

1.1.2　政治环境

政治环境包括一个国家或地区的国际关系、政治制度、体制、方针政策、法律法规等方面。国内外政治环境对跨国企业都有着重大的影响。因为随着政府政策的变化，企业也要调整它们的战略和做法以适应新的规则和要求。一个国家的政治制度决定了自身的经济和法律制度，也决定了企业怎么去管理和开展经营活动。政治环境主要由以下 4 个要素构成。

1. 政党

政党是一部分政治主张相同的人所结合的，以争取民众或控制政府的活动为手段，以求促进国家利益和实现共同理想的有目标、有纪律的政治团体。

跨国企业必须了解东道国主要政党的政治观点，因为其中任何一个政党都有可能获得支配地位并改变对外国企业的现行态度。有些国家有两个强大的政党，典型的情况是这两个政党轮流控制政府。在这种情况下，了解每一个政党可能采取的方针就显得非常重要。

观点不同的政党会造成政府对贸易及其相关问题的政策走向改变。那些在不同政党内部具有强大政治影响力的利益集团与团体，为了左右贸易政策，会与党派通力合作，从而促成政策的改变。

2. 经济民族主义

所有国家都在某种程度上存在民族主义，而它的本质其实是一种强烈的民族自豪感。但这种自豪感常常会带有一些反对外国企业经营活动的情绪。经济民族主义的中心目标之一是维护本国经济的自治，因为广大国民认为维护国家主权与维护他们自身利益是一致的。换句话说，民族的利益与安全比经济更为重要。这些民族主义情绪的表现形式多种多样，其中包括对外国投资企业的抵制与排斥。总的来说，一个国家的民族主义情绪越浓厚，这个国家反对"经济侵略"、保护本民族产业的情绪就越高涨。

3. 宗教力量

世界上的宗教教派众多，其中对国家政治影响最大的两个宗教是基督教和伊斯兰教。宗教组织和机构在政治和经济中扮演着相当重要的角色。在很多时候宗教对经济活动并不直接产生影响，而是通过社会、政治和文化对企业形成政治风险。

4. 国际关系

国际关系是指国际行为主体之间的关系。在企业的跨国经营活动中，生产的边界不断扩大，产品、原材料的国际流通日趋频繁，东道国的国际关系对跨国经营的影响越来越明显。其中，最重要的是东道国与母国的关系。如果东道国是某一区域性组织的成员，就要考虑这个组织排外性的强弱及对企业自身竞争力的影响。若东道国与其他国家关系紧张，则很可能会影响企业在这些国家的经营。

当今世界正经历着百年未有之大变局。例如，欧盟稳定出现了问题，英国脱欧所带来的震荡虽未引发"地震"，却导致了较长时间的不稳定性，需要长时间的谈判来解决各种法律程序和义务问题、有关市场通道和人员流动的问题以及欧元和英镑的稳定问题。欧盟本身的经济复苏困难重重，南、北欧之间的不均衡性和脆弱性又可能引起欧盟内部的裂痕加深。外部导入的难民问题和暴恐问题有增无减，它们继续威胁着欧洲社会的稳定与安全。欧洲对稳定的需要超过其他任何地区，维护社会稳定目前已经成为欧洲各国的头等大事。

中东稳定同样面临新的挑战。土耳其的未遂政变及由此而来的政治清洗，使得这个北约盟国的地缘政治战略发生重大变化。俄罗斯与土耳其找到战略利益结合点，这不仅在冷战时期没有出现过，甚至在几个世纪的历史过程中也罕见。伊朗和俄罗斯在中东的地缘政治接近，这使美国及其中东盟国感到担忧。

解决叙利亚等的问题还有很长的路要走，其间随时可能出现中东地区教派冲突、恐怖主义和难民问题在更大范围输出，以至于引发地区大国填补权力真空的冲动。就此而言，中东地区的稳定性问题较欧洲有过之而无不及。

以乌克兰问题为核心的欧亚地区，至今没有出现稳定的基本条件。此前国际市场的原油价格长期处于低迷状态，俄罗斯财政赤字居高不下，且又遇西方经济制裁，这必然影响其对外政策。而乌克兰依靠欧盟援助才得以维持国家运转，但欧盟也是"自身难保"，不可能继续对乌克兰大规模"输血"。同时，西方还十分担心俄罗斯以突然方式在乌克兰东部建立势力范围，并且俄乌两国都有把国内问题向外转移的需要。2022 年 2 月，俄罗斯对乌克兰采取了"特别军事行动"，使得该地区的前景更加模糊多变。

亚洲特别是东亚地区的稳定也同样面临挑战。东亚地区原本是世界上最为稳定、发展最快的地区，但在美国实施"亚太再平衡"战略以来，其变得越来越不稳定。而东亚地区的不稳定问题不仅已经非常明显，而且可能比其他地区更不稳定(黄仁伟，2016)。

1.1.3　法律环境

法律环境是对企业运营有重要影响的外部环境，是保护投资者利益的制度支持。良好的法律环境能保障董事会、监事会、理事会的有效运行，保障多样化的企业信息披露渠道，提供有效的市场监督机制，进而监督和激励管理者优化投资经营决策，减少其以权谋私的违法行为，加强对投资者尤其是中小投资者的保护，降低企业的权益成本，提升企业价值。目前，国际上存在以下几种不同的法律体系。

1. 普通法

普通法起源并发展于英国，在前英国殖民地被广泛应用，如美国、加拿大和澳大利亚。普通法依赖于传统、先例和惯例来解决法律纠纷。传统指的是国家法律的发展历史，先例指的是以往法庭的判例，惯例指的是法律应用到具体案件中的方式。基于这些特点，普通法与其他法律体系相比具有一定的灵活性。法官有权解释法律，并将其应用到具体的个案中。所以，每一个新的解释可能对于以后的案件来说就是先例。长此以往，法律在一定程度上会被改变和重新阐释。

2. 民法

民法起源于罗马法，形成于罗马时代，《拿破仑法典》对民法的发展产生了重大的影响。民法是根据一系列详尽描述的规范来处理法律问题，是世界上应用最广泛的法律体系。法国、德国、捷克、希腊、日本、土耳其和南美及非洲的很多国家都采用了民法体系。

3. 伊斯兰法

伊斯兰法是有关穆斯林宗教、政治、社会、家庭和个人生活法规的总称。世界上有30 多个国家沿用伊斯兰法，但是因为这些规范是几个世纪之前制定的，而且到现在都没有什么大的变化，所以这对于跨国公司来说，可能会带来一系列问题。

4. 合同法

与商务领域密切相关的法律就是合同法。在合同文件中，规定了交易的条件和交易双方的权利和义务。商务合同为商务活动提供规范。合同法指导合同的执行和实施。如果一方认为另外一方违反了合同，那么，双方通常会依靠合同法来保护自己的权益。因为普通法在规定上不够明确，所以在普通法框架下起草的合同通常会对各个条款进行明确而详细的规定，也会明确列出可能发生的紧急或意外情况。然而，在民法法律体系下，合同一般比较简短，而且内容相对不会那么具体，因为民法对很多相关的问题已经作出了规定。在国际商务中，我们需要对这些法律体系的不同保持敏感。

在国际贸易中，当出现了商务纠纷时，我们时常会遇到这样一个问题：究竟应该以哪个国家的法律规定为准？为了解决这样一个问题，有很多国家，包括美国在内，采用了一套统一的规定——《联合国国际货物销售合同公约》(*United Nations Convention on Contracts for the International Sale of Goods*, CISG) 来进行处理。该公约是由联合国国际贸易法委员会主持制定的，1980 年在维也纳举行的外交会议上通过，1988 年 1 月 1 日正式生效。截至 2015 年 12 月 29 日，共有 84 个国家核准和加入该公约。

1.1.4　科技环境

当今世界，科学技术日新月异，技术更迭速度不断加快，重大科技创新不断涌现，科技成果也越来越多地应用于生产和实践，并正逐渐改变着人们的生活和生产方式，甚至思维方式。从世界科技发展趋势看，新一轮科技革命和产业变革正在重构全球创新版图、重塑全球经济结构。科学技术从来没有像今天这样深刻影响着国家前途命运、人民生活福祉。它以其基础性、先导性和强渗透性，成为大国国力竞争的关键性因素。

在科学技术内在动力推动和外在社会需求拉动的作用下，人工智能、物联网、大数据分析、区块链和合成生物学等一系列新技术兴起，并且它们正在带来科学技术的一些根本性变化。这些变化呈现出"革命性"特点，同时引起组织、社会和制度等方面的变革，广泛深入地影响着社会生活的方方面面，但它们在带来巨大发展前景的同时，也引起许多不确定性。当前，全球科技创新呈现出如下鲜明的特点和发展趋势：一是数字技术塑造着经济和创新发展，新的且影响未来的关键技术群正在生成；二是新的研究领域、理论与方法正在形成，新一轮科技革命正在孕育；三是一些重要新兴技术具有广泛应用前景，但新技术的发展充满风险和不确定性；四是世界科技竞争更加激烈，国际合作和全球治理愈加重要。

面对科学技术发展的新趋势，各主要国家在战略上高度重视，纷纷制定科技战略和规划，力图把握科学技术发展的大方向，促进科学技术的发展及广泛应用，如美国创新战略、德国高技术战略、日本第 5 期科学技术基本计划、英国制造业 2050 等。面对全球性问题(气候变化、环境退化等)以及关键技术和新兴技术的研究和创新日益遍布整个世界，全球性治理以及国际合作日益重要。同时，各国在制定科技创新政策时越来越多地从全球角度出发，这也反映出许多问题的全球性以及市场、生产的全球化。从理论层面认识科技成果转化风险，从实践层面化解科技成果转化风险，对于科技与社会发展具有重要意义。

进入 21 世纪后，传统的美欧日三角科技实力格局被打破，中国、印度等国崛起，其他很多国家科技实力也在增强，科技发展的多极世界正在形成，全球科技竞争的格局发生了变化。新一轮新兴技术的出现和发展，加剧了世界科技竞争之势。由于新兴技术的前沿性、颠覆性以及巨大的发展潜力，各国都把发展新兴技术看作抢占未来科技竞争优势的制高点，而近年来各主要国家在人工智能上的布局和投入也充分显示了国际科技竞争的激烈程度。研究表明，随着各主要国家在相似的技术领域对研究与创新投入大量的资助，技术发展进入日益激烈的竞争中，而国际科技竞争不仅基于技术创新能力，而且依靠商业模式、平台和标准的竞争，特别是在公司层面上。

"察势者明，趋势者智。"各主要国家都非常重视科技战略的制定和实施，力图从长期战略上把握新兴技术的发展方向，并根据国内外发展形势的变化以及科学技术的进展及时调整；纷纷提出科学技术发展及社会经济发展的愿景，如德国的"工业4.0"、日本的"社会5.0"（超智能社会）；愈加重视新兴技术的全面影响，引导新兴技术发挥更多积极作用，防控新兴技术可能带来的负面影响；强调凝练重大科技方向，确定重要科技及其应用领域，更加重视以解决重大问题为导向，汇聚相关科技力量，推动科学技术与经济社会的共同发展；不仅重视科学研究机构、大学和企业等创新主体的作用，而且把社会相关利益者和公众纳入科学技术创新的发展中（《学术前沿》编者，2019）。

1.2　伦理与社会责任

1.2.1　国际商务中的伦理问题

1. 雇佣

如果跨国企业遇到这样一种情况——当东道国的工作条件比母国的工作条件明显差很多时，应该采用哪种标准来进行管理？是按照母国公司的标准或东道国公司的标准，还是在这两者之间找一个平衡点？有些人可能会建议即使在不同的国家，工资水平和工作条件也应该是一样的。

耐克在20世纪90年代的时候处于风口浪尖之上，当时新闻披露其有些代工厂的工作条件非常恶劣，工厂强迫工人加班，并且不让工人在工作时间喝水。最典型的例子是1996年一档名为《48小时》的电视节目报道，在耐克的越南代工厂里，年轻的妇女们每天都接触有毒的生产材料，并且在极差的工作环境中一周工作6天，只是为了赚取每小时20美分的报酬。报道同时指出，在越南，每天至少要赚取3美元才能维持基本生活，这意味着在代工厂里工作的工人如果不拼命加班的话，很难维持基本的生活。耐克和它的转包商是没有违反法律的，但是类似这样的报道引起了人们的思考，即利用血汗工厂来生产产品的道德问题。在刚刚传出"血汗工厂"事件的时候，耐克公司的管理层认为这只是个别代工厂的行为，不会对公司的声誉产生影响，也不会影响产品的销售。公司认为，对于亚洲消费者，他们重视工作机会而不重视工作环境，这样的事不会让他们产生抵触情绪；而耐克的消费者，只会关注他们是否买到了物美价廉的产品（陈姗姗，2005）。又如雇佣童工的问题，当跨国企业知晓他们的商品是由贫困国家的童工用他们稚嫩的双手生产的时，企业将进退两难。如果与使用童工的代工厂继续合作，那么获取的利润会不断增加；但是使用童工与法律和道德相违背，自己将会受到良心的谴责和消费者的质疑（张蓓，2017）。

2. 环境污染

很多发达国家对环境的保护和治理制定有详细的规定，如污染物的排放、有毒化学物质的倾倒、有毒原材料在工厂的使用等。但是，发展中国家往往缺少这样的规定。所以，跨国企业到东道国（往往是发展中国家）进行生产所造成的环境污染，通常远高于其在母国生产所带来的环境污染。

有人这样说，环境是大家一起拥有的，不是某个人的私有物。大气和海洋可以被视为全球共有的，每个人都从中获益，但是没有一个人对其专门负责。在这样的情况下，我们很容易联想到公地悲剧理论，该理论是加勒特·哈丁教授于 1968 年提出的。哈丁认为只要很多人共同使用一种资源，便会使环境发生退化。如果没有约束和限制，在资源数量一定的情况下，每个企业都会追求自身利益的最大化，把自身利益放在首位，忽视公共利益，最终后果将是所有人的利益都受到损害，且环境承载力超过临界值时环境就会发生恶化，而导致环境公地悲剧出现的根本原因在于公共资源和环境产权不清(严晓萍和戎福刚，2014)。

3. 腐败

20 世纪 70 年代，为了获得日本航空公司的订单，美国洛克希德公司总裁卡尔·科奇恩先后向日本代理和政府官员支付了高达 1250 万美元的报酬。这件事情被发现后，洛克希德公司被指控伪造公司记录，以及违反多项税收规定。尽管这种报酬在日本社会可以被接受，但是媒体对这一事件的披露，在日本引起了轩然大波。涉事的官员被指控为刑事犯罪，其中一位政府官员还因此自杀，日本的民众也对该事件表达出愤怒的情绪。

类似于这样的贿赂事件促使美国国会在 1977 年通过了《反海外腐败法》，之后在 1988 年、1994 年和 1998 年进行了三次修改，其中规定为了得到商务机会向外国政府官员行贿为非法行为，其宗旨在于限制美国公司和个人贿赂国外政府官员的行为(卢建平，2006)。一些美国公司反对该项规定，他们认为这样做会把美国跨国企业置于不利的竞争地位。所以，《反海外腐败法》最后做出了修改，允许美国公司支付疏通费，排除了一些费用的非法性，明确这些疏通费的存在是合理的，目的是让外国政府官员更好、更快地开展其本职工作(赵文艳，2010)。

1.2.2　社会责任

企业社会责任是指企业不能只把最大限度地赚取利润作为自己唯一的经营目标，还应该关注股东利益之外的其他所有社会利益，包括消费者利益、员工利益、债权人利益、竞争者利益、社区利益、环境利益及整个社会的利益等(金辉，2014)。

国外对企业社会责任的研究起步较早。企业社会责任这一概念最早是由美国学者谢尔顿于 1942 年提出的，他的基本观点是企业不仅生产商品，从而获得利润，也需要关注企业内部和外部所包含的其他人的需要，而道德因素也应该被包含在企业社会责任中。博文于 1953 年在其著作《商人的社会责任》中对企业社会责任的概念做出进一步的解释：企业应通过实行符合社会目标和价值的政策，进而做出决策并采取相应的行动。企业社会责任主要通过公益事业以及慈善活动等行为方式得以实现。企业在践行社会责任时有多种行为方式可以选择，包括慈善捐献和公益活动两种主要形式，内容可以是环境保护、动物保护等，而这些行为都可被称为企业社会责任行为(田敏等，2014)。在企业社会责任分级模型中，企业社会责任被分为三个层次：一是基本企业社会责任，包括对股东负责、善待员工；二是中级企业社会责任，包括对消费者负责、服从政府领导、处理好与社区的关系、保护环境；三是高级企业社会责任，包括积极慈善捐助、热心公益事业(陈迅和韩亚琴，2005)。

1.3 中国企业海外经营分析

1.3.1 中国企业海外经营的动机分析

中国加入世贸组织后，中国市场的开放程度不断提高。一方面，大批跨国公司的涌入使得一些行业的集中度急剧上升，国内企业面临着巨大的竞争压力，但同时这也促使它们提高竞争力；另一方面，中国综合国力显著提升，企业实力逐步提高，企业进行海外经营也具备了一定基础。在这些国内外经济环境变化的推动下，中国企业跨国经营进入了一个新的历史阶段。中国企业在这一新的历史阶段进行跨国经营，归结起来主要有以下 4 种动因（杨瑞龙等，2012）。

1. 贸易替代型海外经营

由于中国的"入世"效应，中国出口持续增加，越来越多的"中国造"产品被出口到世界各地，但随着近年来贸易保护主义势力抬头，许多国家纷纷对来自中国的出口产品加征关税，或者以反倾销或环保要求为由限制进口中国产品。中国已成为世界各国反倾销调查的主要对象国。

由于针对中国的国际贸易保护壁垒增加，中国企业在当前以及今后一段时期内跨国经营的重要策略将是以海外投资促进出口，或者是以本土化生产和销售代替出口，这也是解决国内相当多行业产能过剩问题的主要方法。以对外投资带动出口，并采取就地生产和销售的方式，不仅可以及时获取目标市场的经营信息，还可以享受东道国的优惠待遇，从而扭转对外出口面临的被动适应局面。企业还可结合本土化战略，近距离地接近市场，这样做更有利于把握机遇，并发挥企业的内部化优势。

近年来贸易保护势力的抬头，尤其表现在中国与欧美发达国家的贸易中。以商务部的调查数据为例，仅 2009～2012 年，美国对中国出口美国的产品发起的反倾销和反补贴合并调查、反倾销调查、特保调查就有十多起，涉及禽肉、轮胎、铜版纸、油井管等多种产品，立案率之高，在世界贸易史上极为罕见。中美贸易摩擦逐年增多，并呈现出扩大化、复杂化、多样化的趋势。值得注意的是，除与发达国家外，中国与发展中国家的贸易摩擦也呈现出不断增多的趋势。以印度为例，1994 年 1 月 7 日，其对中国发起反倾销调查案——异丁基苯案，由此开始对中国进行反倾销调查。1995～2003 年，印度在这 8 年时间中对华反倾销立案 69 起；2002～2003 年印度对 30 项进口商品进行反倾销调查，其中针对中国的有 15 项，占印度对外反倾销调查立案数量的 50%；2005～2012 年，印度对华反倾销调查数量有增无减，2009 年中国应诉的 115 起贸易调查中，由印度发起的贸易调查就占 27 起。

针对上述状况，中国企业积极开展贸易替代型海外投资活动。海尔集团的海外经营是贸易替代型海外经营的典型例子。海尔集团海外经营战略的初衷就是以本土化生产和销售代替产品出口，由此还制定了"三个 1/3 战略"，即：国内生产国内销售占 1/3，国内生产国外销售占 1/3，国外生产国外销售占 1/3。从实际情况看，我国的外贸专业公司和大型贸易集团也是从事贸易替代型海外投资活动的典型代表,如中国中化集团有限公司、中国粮油食品进出口(集团)有限公司、中国电子进出口总公司和中国技术进出口集团有限公司等。这些公司的优势在于长期从事进出口贸易,有畅通的信息系统、稳定的业务渠道,掌握着熟练的营销技巧,并且逐步形成了具有一定规模的海外市场经营网络,是中国开展海外经营的先锋和主力。除此之外,贸易替代型跨国经营企业还包括家电、纺织、日用工业品等领域的中国企业。这些领域的企业在国际贸易中频频遭遇反倾销起诉,在国内市场饱和、竞争压力巨大和出口频遭反倾销调查的多重"压迫"下,发展并不断加大海外投资,成为这些领域中国企业的发展战略。

2. 资源寻求型海外经营

伴随我国经济的快速发展,资源问题日益凸显,我国一些企业受到了资源的制约,难以得到快速的发展。企业通过开展海外经营可以获取各种所需的经营资源,改善资源紧缺的现状。从事资源寻求型海外经营的中国企业,虽然在数量和活跃程度上都远不如从事贸易替代型海外经营的企业,但是这一类型企业的海外经营规模却是各类型中最大的。

中国自然资源的总量很大,但人均拥有量却很低。随着能源需求越来越大,我国面临着愈加严峻的能源形势。以石油为例,无论是按总量还是按人均拥有量计算,中国都不属于富油国。但随着我国逐渐成为世界第一能耗大国,要维持国内经济的稳定持续增长,就必须通过参与国际分工,尽可能多地利用世界性资源。

与贸易替代型海外经营相比,资源寻求型海外经营有其特殊性,在石油领域的海外经营与投资更是如此,主要原因在于:①世界石油资源具有有限性和集中性的特点,石油资源主要集中在中东、南美和俄罗斯等国家和地区,由于分布极其不均衡,并且存在过度开发现象,因此任何一个国家都不可能完全依靠本国的资源来满足自身经济发展的需要。②石油是涉及国家安全问题的重要战略资源,能源领域的对外投资更是一个较为敏感的话题,可能受到能源国政府的诸多限制。③能源行业通常与地缘政治、地区冲突、宗教矛盾、反恐斗争联系在一起,能源开发具有多重矛盾交织的特征,在这样一个既特殊又复杂的领域,跨国经营多采取并购、参股、合作、战略联盟等形式。

目前我国企业开展资源寻求型海外经营,主要是为了适应我国经济的迅速发展和经济结构的升级。近年来,把持全球近 80%铁矿石资源的三大巨头(巴西淡水河谷公司、澳大利亚必和必拓公司和英国力拓集团)通过"价格联盟"对铁矿石漫天要价,更是触发了中国钢铁企业通过国际化并购控制上游产业的需求。中国石油化工集团有限公司(简称中石化)、中国石油天然气集团有限公司(简称中石油)、中国海洋石油集团有限公司(简称中海油)等公司每年都会在海外进行多起油气资产的收购。中石油是我国海外石油投资的主力军,其在 2007 年 1 月 8 日完成了对哈萨克斯坦国家石油天然气公司 67%股权的收购,标志着我国最大的能源海外并购案尘埃落定。中石油一直积极开展跨国能源发展战略,其积累了丰富的经验,并提高了自身对国际市场风险的应对能力。在今后相当长的时间里,以石油为核心的资源寻求型海外经营,以及前述的贸易替代型海外经营,都将是中国企业海外经营的主要动因。

3. 技术获取型海外经营

跨国经营是获得先进技术的重要途径。为了掌握国际科技发展的动态，中国一些技术密集型产业的大型企业和一些技术实力强的科技开发公司，也需要到海外尤其是发达国家投资兴办技术型企业或技术研究和开发机构，以寻找一条获取先进技术的捷径。中国企业可以通过跨国并购等海外投资方式，更直接、更准确地了解技术发展的最新动态，进而整合国内外子公司的技术资源，及时应对国内外市场的需求变化，在国际市场中掌握先机。

除在海外投资兴办技术型企业、与跨国公司进行技术合作外，跨国并购也是技术获取型对外直接投资普遍采取的模式。但是无论是以上哪种模式，都大大提高了企业的技术水平和产品质量。更进一步地，技术引进还会促进和提高企业的技术研究与开发能力。这类海外投资行为，尽管其形式、手段存在诸多差异，但都是以获取发达国家的技术开发人才、机构及相关要素为目的。例如，盛大网络收购韩国 Actoz 公司，是为了取得网络游戏版权及研发平台；上海汽车集团收购英国罗孚，是为了获得研发力量与自有品牌；联想集团收购 IBM PC（personal computer，个人电脑）业务，是为了获得 IBM 在 PC 及笔记本制造上的领先技术。华为也是通过技术获取型海外经营实现自主创新的一个典型案例。华为历经十余年的艰苦奋斗，集中全部力量专注于通信核心网络技术的研究开发，成为具有国际领先水平的通信设备及解决方案供应商，其海外研发机构包括 8 个地区总部和 32 个分支，并且在班加罗尔、硅谷、斯德哥尔摩、达拉斯和莫斯科都设立了研究所，同时还分别与摩托罗拉、德州仪器、英特尔、高通、IBM 和微软等成立了联合研发实验室。华为申请的国际和国外专利也是发展中国家企业里最多的。目前，华为已形成了完整的自主核心技术创新体系和管理创新体系，建立了面向全球的产品研究开发与市场销售服务体系。

即使是以贸易替代型海外经营为主的投资企业，在扩展海外市场的同时，也会兼顾新技术的寻求与掌握，而获取先进技术也是推动它们进行海外投资的另一动机。跨国经营企业在权衡投资利弊时，往往将市场和利润作为主要衡量标准，而将技术的获得放在次要位置。事实上，随着海外投资规模的扩大和中国企业海外经营经验的积累，越来越多的企业，尤其是信息、生物等高新技术领域的企业，会将技术寻求因素摆在更为重要的地位。

4. 战略资产寻求型海外经营

跨国公司战略并购是 20 世纪 90 年代中期第五次全球并购浪潮中一个十分重要的特点。全球企业的战略并购浪潮虽然对中国企业的海外投资没有产生太大的推动作用，但它对中国企业的海外经营产生了不可低估的示范效应。

对于中国海外经营企业而言，要想成为世界级跨国公司，仅定位于贸易替代型或资源寻求型海外经营模式是不够的，还必须具备全球化的意识。在海外经营决策中，应该根据长期发展战略，从全球的角度选择市场切入点、生产基地、合作伙伴、销售市场、研发基地等。同时，只有这种战略资产寻求型海外经营活动增加，才能使中国企业的国际竞争力有更大的实质性提高。

企业从事海外经营活动的原因复杂，不同的企业具有不同的动机。即使是同一企业，在不同发展阶段或在同一阶段进入不同的目标市场时，其动因也各不相同。中国企业开展海外经营还有可能是基于延长产品生命周期、降低成本、提高经营效率、分散经营风险、培养国际化经营人才等多方面的考虑。

1.3.2　中国企业海外经营的优势与风险

1. 中国企业海外经营的优势

与一些发达国家的跨国公司相比，我国企业在开展海外经营时并不具有垄断优势。但是对于中国企业而言，即使不存在比较优势或垄断优势，也可以进行海外经营投资，而开展海外经营的过程正是挖掘企业自身优势并不断提升优势的过程，二者存在正向促进的关系。通过认真分析我国企业自身的情况可以发现，虽然我国企业在资金、技术、管理等方面与发达国家的企业相比都处于明显劣势，与一些新兴发展中国家和地区的跨国经营企业相比也存在一定差距，但不可否认的是，中国企业进行海外经营已经具备了一定的优势（杨瑞龙等，2012）。

1）成本优势

成本优势是指那些使成本降低的原因和条件。这些原因和条件通常是指由丰裕的要素禀赋、优惠的政府政策、开发创新能力的提升、生产效率的提高、整体管理能力的增强以及规模经济等带来的成本降低。成本优势一般来源于两个方面：一是劳动生产率比较高；二是要素价格比较低。

我国拥有 14 亿人，是名副其实的人口大国。与发达国家相比，我国目前最大的成本优势就是劳动力成本低廉，而低廉的劳动力成本在当前和今后的一段时间内都将为我国企业进行海外经营带来便利。我国的成本优势是客观存在的，我国企业只有充分认识和发挥这种成本优势，才能在海外竞争中占得先机。从人口年龄结构看，我国 16～64 岁的劳动力数量巨大，1980～2005 年，该年龄组人口的年平均增长率为 1.8%，占总人口的比重从59.7%提高到 71.0%。这种低劳动力成本的优势在未来一段时间内不会丧失。另外，近年来我国高等教育规模增加很快，2015 年高等教育在校人数为 2816 万，而 2020 年该人数已增长至 3599 万，且 2020 年我国拥有大学学历的人数已达到两亿。从世界范围看，截至2020 年底，人口超过 1 亿的国家共有 14 个，其中拥有 1 亿以上劳动力的国家有 4 个：中国 7.7 亿、印度 4.7 亿、美国 1.7 亿、印度尼西亚 1.3 亿。而大学生人口（大专以上人口）超过 1 亿的国家截至目前只有中国一个。可见，我国不仅劳动力资源丰富，劳动力素质也在逐步提高。这都为中国企业在海外经营中取得竞争优势奠定了基础。

从我国的实际情况看，外贸出口中具有国际竞争力的产业大多属于劳动密集型产业，如玩具、家电、服装、纺织等。很多中国企业正是利用劳动力成本低的优势迅速扩大生产规模，成功占据国内市场和国际市场。广东格兰仕就是在海外扩张过程中实施低成本战略的典范。格兰仕是比较优势和国际分工理论的虔诚践行者，笃定要以低成本做好制造环节，甚至提出要做 50 年"苦行僧"。格兰仕在其海外扩张初期，由于没有实力自己开拓海外销售网络，因此选择了将以加工为主的橄榄型模式与跨国公司的哑铃型模式对接。这种对接模式使得格兰仕专注于自己擅长而且有能力进入的盈利较低的环节，而舍弃了无力掌控的高端且盈利丰厚的研发、营销环节。格兰仕通过"以工抵价"的形式，低成本引进国外生产线，这样就充分利用了国内生产成本较低的优势。在微波炉领域，格兰仕利用"价格战""清理门户"的方式迅速占领市场，其"价格屠夫"策略迅速而有效。

但值得注意的是，我国企业的低成本战略更多的是利用要素价格低廉来压缩成本，从而降低产品价格，这其实是一种难以持续的优势。随着人口老龄化社会的到来以及人力资本的不断提升，我国劳动力成本存在上升趋势。实际情况也确实如此，许多跨国公司已经将生产加工环节从中国转到劳动力成本更加低廉的东南亚国家。在实践中，中国企业在海外经营战略中应该更加注重生产效率提高、流程创新或技术创新所带来的成本优势。

2）适应性技术优势

英国经济学家拉奥在对印度跨国公司的竞争优势和投资动机进行深入研究后，提出了关于第三世界跨国公司的技术地方化理论(Lall，1983)。拉奥指出，即便发展中国家跨国公司的技术特征表现在规模小、使用标准化技术和劳动密集型技术等方面，但这种技术的形成却包含着企业内在的创新活动。拉奥认为，以下几个条件能够使发展中国家的海外经营企业形成和发展自己的"特定优势"。

(1)发展中国家技术知识的地方化是在不同于发达国家的环境中进行的。这种新的环境往往与一个国家的要素价格及质量相联系。

(2)发展中国家生产的产品符合它们自身的经济条件和需求。换言之，只要这些企业对进口的技术和产品进行一些改造，使它们的产品能够更好地满足当地或邻国市场的需求，这种创新活动就必然会形成竞争优势。

(3)发展中国家企业的竞争优势不仅来自其生产过程及产品与当地供给条件和需求条件的紧密结合，还来自创新活动中所产生的技术在小规模生产条件下会产生更高的经济效益。

(4)从产品特征看，发展中国家企业仍然能够开发出与品牌产品不同的消费品，特别是当国内市场较大以及消费者的品位和购买能力有很大差别时，来自发展中国家的产品就会具有一定的竞争能力。

上述几种优势还会由于民族的或语言的因素而得到加强。

对于中国企业来说，40多年的改革开放使中国企业有机会在国际范围内实现资源的最优配置。在技术输出方面，中国企业在长期发展过程中形成了小规模生产的特点，而这一特点比较符合发展中国家的技术、生产和市场需求水平。中国企业在跨国经营时以输出技术、设备的方式在发展中国家建立小规模的劳动密集型企业，一方面可以降低中国企业跨国经营的成本；另一方面，由于发展中国家的投资环境并不完善、市场范围较小等，中国企业的小规模生产特点使得它们比发达国家跨国公司更符合当地的投资环境和市场需要，从而增强了中国企业与发达国家跨国公司、当地企业竞争的实力。例如，制帽、制伞、纺织、服装等都是我国具有小规模生产特点的典型行业。现在海尔、康佳等都已在海外投资设厂，并且都利用适用性技术优势取得了良好的效益。

3）市场优势

中国所拥有的14亿人口和巨大的消费市场潜力就是中国目前的市场优势。中国自改革开放40多年来一直保持着经济的高速增长，在国际金融危机到来之前其GDP增长率连续多年保持在10%以上，这为企业开展海外经营活动提供了难得的机遇。另外，长期以来繁荣稳定的社会环境也为企业的海外经营活动提供了重要保障，即使企业在跨国经营过程中受到了一些挫折，也可以通过广阔的国内市场挽回损失，具有较大的回旋空间。这在很大程度上增强了我国企业从事海外经营的信心。

国内需求长期的高速增长，突出地表现为投资需求稳定快速地发展。国家统计局的统计资料显示：2005 年，在国家积极的财政政策、西部大开发战略、东北振兴战略的推动下，固定资产投资保持了较快增长势头，全社会固定资产投资为 80993 亿元；2010 年全年全社会固定资产投资为 198819 亿元，2015 年为 405927 亿元，截至 2020 年，我国全年全社会固定资产投资已增长至 527270 亿元，相较于 2005 年增幅接近 600%。我国经济高速发展的另一个表现则是人们的消费需求层次和消费质量不断提高，例如，我国居民对手机和计算机等电子产品需求的快速增长使我国的信息产业出现了跨越式发展。而我国家电行业的兴旺和发展就是由我国居民对家用电器的需求增长所推动的，并且这一行业因此而成为我国从事海外投资的制造业中的佼佼者。随着我国居民收入水平的进一步提高，汽车也将越来越普及，巨大的需求将造就拥有现代化生产规模的汽车制造业，并使其成为我国下一个具有竞争优势的产业。

中国企业跨国经营另一个巨大的天然优势就是具备相当规模的海外华人网络。中国目前有 3000 多万华人华侨散居在世界五大洲 160 多个国家，据估计，可动员资产达 2000 亿～3000 亿美元。依靠民族纽带，在侨民集中的地区开辟对外直接投资领域成为我国企业特有的一种竞争优势。华人网络的存在可以使各地华人及时通过网络分散风险，使企业迅速获得信息，并取得当地华人的支持，从而比较容易地进入当地市场，同时可使国内企业轻易地克服由经济波动造成的被动局面，使企业能利用海外华商网络直接与国际市场接轨，从而大大降低交易成本。

4) 后发优势

后发优势是指经济落后的后进国家，通过充分利用先进国家已有的技术和借鉴先进国家的经验，实现经济的迅速发展。

对于后发优势，还应有以下更深入的认识：首先，后发优势承认不同国家间经济差距的存在。当前发展中国家与发达国家的经济并不处于同一起跑线上，这是由客观存在的历史原因决定的。发展中国家只有正视这种差距的存在，才有发展的动力。其次，发展中国家尽管落后于发达国家，但存在着借鉴发达国家发展经验的可能性。经济全球化加速了资金、人才、技术和信息的流动，使得发展中国家在今天比在以往任何时期都更容易学习和借鉴到发达国家的发展经验，从而使发展的可能性转变为现实的概率大大增加。再次，从世界经济发展的历史看，确实有不少国家和地区利用后发优势实现了经济发展，较典型的国家就是日本。日本在第二次世界大战后创造的经济增长奇迹，主要获益于大量引进发达国家的先进技术，这对后进的发展中国家和地区尤其是中国起到了很好的示范作用。在当今的经济全球化时代，只有利用后发优势实现经济的跨越式发展，才有可能在新的竞争中不再落后(石静，2007)。

技术后发优势是我国从事海外经营的企业具备的较为典型的后发优势。与发达国家的跨国公司相比，作为技术落后者，我国企业目前最大的优势就在于能够充分利用前车之鉴，少走弯路，少付代价。建立在学习和吸收基础上的后发优势产生于以下几种"模仿创新"活动。

(1)技术改进模式，即通过引进购买专利技术或专有技术，合法获得率先创新的知识产权。我国大部分企业没有经历技术路径的产生阶段，而是通过引进技术的方式，直接进入已有的技术路径，并在此过程中消化吸收核心技术，进而做进一步的技术改良和改造，提高原有技术的应用效率。我国美的、海尔、TCL、长虹、万向集团等一批有国际竞争实力的企业，都经历过大规模技术引进的过程，以寻求在最短的时间内缩小与跨国公司的技术差距。

(2)产业协作模式，即通过与跨国公司进行不同方式的合作，全面提升企业的技术水平。典型的例子是原始设备制造商(original equipment manufacturer，OEM)战略，它通常是指拥有优势品牌的企业(从服装、鞋类到家用电器、电子产品企业等)为了降低成本和扩大市场份额，利用自己掌握的关键核心技术负责设计和开发新产品，并且掌握产品的销售渠道，而具体的加工任务通过合同订购的方式委托同类产品的其他厂家生产，生产出的产品则直接贴上自己的品牌标志。目前，有不少中国企业为外国著名品牌做 OEM，如 TCL在苏州为三星贴牌生产洗衣机、长虹在宁波为迪声贴牌生产洗衣机等。但越来越多的中国企业已经不满足于贴牌生产，它们正在积极探索企业海外经营的新途径，其中一个重要的途径即为"反向 OEM"海外收购。2001 年 8 月，万向美国公司正式收购美国纳斯达克上市公司 UAI 21%的股权，成为 UAI 公司的第一大股东，这也是我国企业海外收购的经典案例。

(3)技术超越模式，主要是从率先技术创新者那里借鉴新思路、新观念进行自主性技术开发。一般能够从事这类技术创新的企业，已经具备了一定的技术能力和经济实力。例如，长安汽车集团就依靠技术创新的渐进式升级，形成了独特的自主创新模式——长安模式(李华，2009)。长安模式的核心是"以我为主的自主创新"，即在与外方合资合作的过程中，不仅要掌握核心技术，更要具备自主开发的核心竞争力。从 1981 年正式进入汽车行业起，长安汽车集团就选择了培育自主品牌的发展方向，创立了全国驰名品牌产品"长安汽车"和著名品牌产品"江陵牌发动机"。2005 年，长安品牌价值高达 106.97 亿元；至 2020 年，长安品牌价值已高达 529.08 亿元。

但我国企业在利用技术后发优势时，也要对以下问题引起重视：首先，我国企业可以通过技术引进、模仿、消化吸收来快速提高技术水平，但要在运用这些方式时避开发达国家设置的技术路径陷阱，而如果形成对发达国家的长期技术依赖，最终我国企业自主研发能力的形成和提高将受到遏制。其次，有些发达国家的跨国公司会针对某一路径进行专用性投资。资产专用性会造成企业的退出障碍，从而使企业不得不继续留在原有行业中。由于技术能力形成的累积性特点以及存在着技术路径依赖问题，因此对于新兴产业或存在技术路径创新的产业，我国企业应该在一开始就立足于自主研发，积极地推动新技术的创造，充分发挥自身的后发优势。

2. 中国企业海外经营的风险

1)政治风险

政治风险是指在国际经济活动中发生的且在一定程度上由国家政府控制的事件或社会事件给国外债权人(出口商、银行或投资者)应收账款造成损失的可能性。21 世纪以来国际政局处于不稳定的状态，特别是"9·11"事件后恐怖主义的兴起和伊拉克战争的影响等，过去只有大型跨国公司才会关注的政治风险，如今已被许多企业提上了海外经营决策的议程，政治风险管理占据了越来越重要的地位。通常，政治风险表现为以下四个方面。

(1)排华情绪。在美国、日本、韩国、俄罗斯、南非、拉美等国家和地区，存在着力量较为强大的反华排华势力。这一方面是由于各国的文化存在冲突，另一方面则是由于"中国制造"大举进入国际市场，引起贸易保护势力采取过激行为。在东南亚国家中，印度尼西亚、菲律宾都是反华排华情绪较强烈的国家。在欧洲，近几年的排外风潮导致华人开始成为攻击目标，特别是在法国、西班牙、意大利等华人集中居住和经商的地方。因此，这些反华排华势力可能会给中国企业在这些国家的正常经营带来潜在的风险。

(2)战争和内乱。战争和内乱风险即东道国发生革命、战争和内乱，致使外国投资者资产遭受重大损失，甚至不能继续经营。这是一种非常极端的跨国经营风险，对企业造成的威胁很大，且企业无力处理。战争、内乱以及恐怖行为风险主要存在于一些发展中国家，其中中东、北非、非洲南部、拉美、东南亚部分国家都是该风险较大的国家和地区。在中东和北非地区，集中了宗教冲突、领土纠纷、族群矛盾、主权独立、资源争夺等一系列战争和内乱风险，这些战争和内乱风险可能直接引起中国企业在该地区的投资项目推迟、中断甚至取消，还可能引起较大的人员伤亡和人身安全问题。近年来，中国企业加大了石油等自然资源的海外投资步伐。由于对石油资源的争夺一直是引起冲突、导致战争扩大与升级的一个重要因素，所以这一风险对中国企业的威胁也很大。许多国家都把石油看作关乎国家安全的大事，以至于当严重威胁发生时，政府会不惜使用武力来进行干涉和保护，甚至会发生国家间的战争，如中东、里海、北非地区就常常由于石油分布的不均衡而发生国家间的摩擦，而战争一旦爆发，我国石油公司的巨额投资将会受到严重威胁。

从实际情况看，我国企业资产蒙受损失并不单纯是由战争和内乱风险引起的，更多的是由和平环境中贸易保护主义驱动的政治暴力风险导致的。例如，2004年西班牙鞋商和贸易保护主义者打着保护民族产业的旗号，针对中国鞋发起了多起游行、示威和抗议活动，9月17日，埃尔切市的少数激进分子甚至烧毁了大批中国鞋，酿成震惊世界的"烧鞋事件"。类似这样的事件不仅给当时的海外经营企业带来了巨大的生命和财产损失，也给希望到这些目标市场开展贸易、投资活动的其他中国企业设置了极大的障碍。近年来，类似的事件还有：所罗门群岛骚乱、东帝汶骚乱、俄罗斯警察查抄华商事件、菲律宾大规模逮捕华商事件等。

他山之石：海外派遣的安全问题[①]

中方员工外派拉美，安全事项中需要注意的包括自然灾害和人为风险。首先来谈谈人身安全。拉美国家的贫富差距和基尼系数都是全球偏大的，抢劫等违法行为在这些国家都比较常见，尤其是针对中国人的抢劫。中国人的特点是喜欢带现金，群出群入容易下手。尽管后续通过住宿分散化、上班交通工具分散化、现金保存分散化、员工出入结伴而行、

---

① 案例来源：根据华为公司前员工的访谈整理。

员工危机自救手册和常识培训等方法和手段，情况有些改观，但是也不能完全杜绝。当时华为海外公司的总体原则是员工生命第一，个人财产和公司财产次之。

一、圣保罗抢劫案

圣保罗抢劫事件发生在华为巴西圣保罗代表处，劫匪应该是对华为员工的上下班时间和交通工具进行过摸底，在下班高峰期，由于车辆行进缓慢，4个劫匪携带武器骑摩托车尾随，在交通要道口控制了小巴士的司机，随后上车抢劫了车上共15名员工的随身电脑、钱包、证件等相关物品，并造成司机受伤。财物损失为10台笔记本电脑，现金约2000美元，护照和其他证件若干。此次事件给相关员工的精神和生活带来了压力，同时对他们的工作造成了诸多不便。

二、阿根廷代表处办公室抢劫案

华为阿根廷代表处位于市中心繁华区，毗邻法国大使馆，办公楼有两层为华为租用，一般都是非常安全的。但在2005年还是发生了持枪抢劫案，其主要针对的是华为的办公室，其他公司损失较小。持枪抢劫案发生在夜间，劫匪破门进入华为的办公室，殴打和捆绑了一名正在加夜班的中方员工，然后洗劫了该员工的笔记本和财物，以及办公区域的一些电脑设备。该员工被困长达5小时，身体和心灵均受到创伤。

三、出租车司机劫财案

该事件同样发生在华为阿根廷代表处，一名女员工在自动柜员机上取了3000比索现金用于消费和购物，随后在夜间搭乘出租车回宿舍，估计是钱财外露，出租车司机将其搭载到非常偏远的郊区，洗劫了她的现金和手机，并将其扔在路边荒地里，然后逃离。该女员工在第二天才被警察发现。尽管整个过程中身体没有受到伤害，但是该员工第二天就提出要返回国内。

四、2007年员工坠机事件

该员工为独子，上海人，在华为工作了4年，为里约代表处市场部人员。2007年夏季，其结束代表处工作回国休假，但其搭乘的法航飞机在大西洋上空因为机械事故坠海，机上无一人生还。海外工作，无论是短期出差还是长期常驻，都会面临飞机、汽车等各种交通工具的使用。华为为员工购买了保险，并把这些风险都提前考虑在内。有些事件尽管不能避免和控制，但是善后处理和危机处理机制还是能为外派员工及其家庭构筑起一道保险墙和做出一些弥补。

五、疟原虫感染事件

一名员工出差尼日利亚半年，在结束工作回国后，春节期间回老家筹备结婚。在此期间出现感冒症状，员工本人也一直以为是感冒，因此没有重视，但实际是出差期间感染了疟原虫。由于疟疾有一定的潜伏期，所以该员工在代表处没有出现疟疾症状。由于久病未就医，最后发展到不可救治，从而对该员工造成了不可挽回的损失。华为在2004年后为具备条件的海外员工购买了美亚等国际保险和救助服务，同时也会为出差海外的员工提供免费的医药包、药品和常用器具。海外员工健康保障制度和本地医疗协助都是需要关注的课题。

(3)政策变化和政府违约。有些东道国会出现主要政党轮流执政、政权被推翻、缺乏政策连贯性的现象，使得我国企业在海外经营过程中遭遇政策变化的风险，严重影响了我国企业海外发展的空间和利益。例如，俄罗斯2006年底出台的关于整顿批发零售市场经济秩序、规范外来移民就业的相关法规，使大批华商遭受损失。近年来俄罗斯政府又不断提高石油和木材的出口关税，导致我国投资俄罗斯木材及加工业的企业蒙受巨大损失。而政府违约在发展中国家比较常见，一些发展中国家在政权交替之后，其对待外资的政策也会相应发生重大变化，甚至是完全相反的变化。特别是一些激进的民族主义者在掌握政权之后，常常宣称外资是在掠夺他们的资源，使他们变得更加贫困，并对外资采取敌视政策。虽然新政府的上台并不一定意味着政府违约事实一定会发生，但考虑到以往的经验，还是应该慎重对待该类风险。例如，中兴通讯在刚果（金）投资的项目，由于合同签订后刚果（金）就发生政变，因此被搁置两年，中兴通讯投入的资金也无法收回。

(4)限制、禁止外资准入与并购。中国企业在海外经营过程中，常常面临来自东道国政府实施的歧视性干预，他们时常限制或禁止我国企业资本的准入和并购，其中，以美国为代表的西方国家表现得尤为突出。西方国家普遍存在对中国意识形态的敌视，并且有许多政客或社会势力极力宣扬"中国威胁论"，认为我国企业在经营过程中会执行国家意志，由此可能会给他们自身的安全带来威胁，这些都使得我国企业的投资并购活动频频受阻。例如，2005年，联想集团宣布将以17.5亿美元并购IBM的全球个人电脑业务，但因为美国外国投资委员会（The Committee on Foreign Investment in the United States，CFTUS）担心这一并购行为有可能危及美国的国家安全而被迫接受延期调查，同年，中海油斥资185亿美元收购美国第八大石油公司尤尼科，也因美国国会的阻挠铩羽而归；印度政府以"影响国家安全"为由无限期搁置了中国华为公司在印度投资建厂的申请；英国政府的干预使得华为计划收购英国老牌电信设备巨头马可尼的尝试无疾而终。上述案例都说明了这些风险对中国企业海外投资的不利影响（岳思葵，2006）。

2）法律风险

法律风险是指中国企业在海外经营时因出现不合规情况而遭受惩罚的风险。这种风险部分是由中国企业和商人违规操作所引发的，但更多的是中国企业因不了解国外的法律而误犯所致，还有的则是东道国执法不当甚至故意借法律形式制造障碍所导致的。这是一个必须引起高度重视的海外经营风险形态。

一方面，目前我国的相关法规对企业海外经营的保护不足，尽管我国已同106个国家和地区签订了双边投资保护协定，但我国尚未建立海外投资保障制度，因此双边保护协定的有关规定难以落实。宽松的政府监管和法律执行使得我国企业的法律防范意识还很缺乏，这仅从海信商标在海外被抢注这一事件就可见一斑。另一方面，开展海外经营的中国企业进入了一个比在国内更复杂多样的法律环境中。各国的法律体系不同，中国企业跨国经营时要熟悉这些不同的法律规定需要投入很多的时间和资金成本。有的国家的法律体系甚至与我国的法律体系存在冲突，再加上有可能存在的执法不公问题，我国企业很容易陷入法律陷阱中。以西方发达国家为例，这些国家法律限制性强、法律条文繁复并且法律执行相当严格，这些都有可能对我国企业海外经营产生不利影响。

3）金融风险

金融风险是指在金融活动中出现的风险，具体到企业金融风险，是指企业在从事金融活动时，由于汇率、利率和证券价格等基础金融变量在一定时间内发生非预期的变化，从而蒙受经济损失的可能性。具体有以下几类。

（1）利率风险。利率常常被看成是收益的一般形态，或是金融市场的价格。长期以来，我国金融市场的利率受到货币当局的严格管制，政策性的利率调整时有发生，这对企业的融资和还贷都造成了很大影响。

（2）汇率风险，也称外汇风险，主要指在不同种类的货币相互兑换或折算时，由汇率的变动造成损失的可能性。就企业面临的汇率风险而言，其主要是由对汇率避险工具了解不够和缺乏汇率风险管理的专门人才导致的。在海外经营过程中，中国投资者已经越来越多地感受到应对汇率风险的重要性，尤其是在金融危机爆发时，若一个国家的货币发生急剧贬值，则可能会使持有该国货币的跨国企业一夜间财富蒸发殆尽。亚洲金融危机的爆发使亚洲各国货币发生多米诺骨牌式的剧烈贬值、股市猛挫，众多企业迅速陷入财产大缩水境地，而许多中国投资者由于缺乏相应的防范措施，在金融风险中也遭受了惨重损失。

（3）金融投机风险。金融投机也是中国企业遭遇金融风险的一个原因。近年来，一些海外经营规模相对较大的中国企业为了以较低的成本避免国际市场上的风险，使用期货、期权等金融衍生工具进行套期保值。但在实际运作过程中，投资决策一旦失误，金融衍生工具的杠杆放大效应就会立即给企业带来灭顶之灾。例如，2004 年，中国航油（新加坡）股份有限公司大量卖出石油"看涨期权"，由于过度投机，爆仓时其损失高达 5.54 亿美元，使得自身陷入破产边缘。在过去的十年中，国内外先后发生巴林银行、住友商社、株洲冶炼等金融投机失败的类似事件。

（4）筹资风险和投资风险。筹资风险是指由负债筹资引起的仅由主权资本承担的附加风险，企业承担风险的程度因负债方式、期限及资金使用方式等的不同而不同，企业因此而面临的偿债压力也有所不同。投资风险是指企业在投资活动过程中面临的风险，如财务风险、信用风险、市场风险等。

（5）国家债务危机风险，近年来，发展中国家外债总额普遍较高，由于不少国家无力按期偿还外债，因此导致了持续多年的债务危机。如果其债务结构不合理，短期外债比重高，到期要支付的本息额太大，那么就会支付困难，陷入突发性危机中。

4）其他风险

中国企业在海外经营过程中还会遭遇文化风险、自然灾害风险、信用风险、管理风险等一些其他形式的风险。例如，企业海外经营涉及进口商、中间商、批发商、零售商、银行、保险公司等诸多环节，任何环节的失信行为都可能导致交易失败，引发商业信用风险，进而给企业带来巨大的损失。据估计，目前中国企业逾期未收回的海外应收账款约 1000 亿美元，而且每年还会新增 150 亿美元左右。例如，截至 2004 年底，美国 APEX 公司已经累计拖欠长虹集团 4.72 亿美元的货款（连同利息及超期罚款共计 4.843 亿美元），为此长虹集团不得不在 2004 年年度财务报告上把高达 30 亿元人民币的债务做坏账处理（李萍，2009）。

1.3.3　中国企业海外市场的进入战略

企业进入海外市场的过程，就是将企业拥有的资源如资金、设备、技术、品牌管理能力等，通过不同的投资方式转移到目标国家，以服务企业的跨国经营战略。企业主要可以选择三类进入海外市场的方式，即贸易式进入、契约式进入和投资式进入（杨瑞龙等，2012）。

1. 海外市场进入模式

1）贸易式进入

贸易式进入是指企业在本国从事生产，向目标市场出口产品，具体分为间接出口和直接出口两种基本方式，两者的区别在于生产企业是否与国外市场直接挂钩。

（1）间接出口。间接出口就是通过设在本国的各种外贸机构出口。其优点是企业不直接参与该产品的国际营销活动，也不需增加新的投资，进入海外市场的风险较低；缺点是企业无法获取跨国经营的经验，对海外市场的进入过程也无法控制。所以，间接出口一般适用于中小型生产企业（即经营实力和海外经验不足的企业），是这些企业向海外市场发展的过渡方式，也有一些大型跨国公司通过间接出口的方式渗透某些次要市场。

（2）直接出口。直接出口是指企业直接向国外的中间商或客户销售其产品，它与间接出口的根本区别在于生产企业不同程度地直接参与了出口产品的国际营销活动。出口企业往往通过设立出口部或国际部与国外的代理商、零售商对接，甚至设立专卖店与客户直接挂钩。直接出口的优势在于，企业可以有效实施进出口战略，及时学习和掌握海外市场信息，积累国际营销经验，培养国际经营人才，全面提高企业的国际竞争力；不足之处是要求企业投入一定的资源，企业会面临较大的风险，同时还要求企业具备专业化的人才和一定的国际企业管理能力。从严格意义上讲，只有直接出口才是企业国际化经营的起点。

2）契约式进入

契约式进入是指在不涉及股权或企业产权的条件下，通过与东道国政府或海外合作者订立契约，向海外企业转让一项或几项无形资产，然后由技术出让企业向使用方收取相应的费用和报酬。这里提到的无形资产是指知识产权，包括工业产权和版权。工业产权主要有专利权、商标权、外观设计权等。

契约式进入与贸易式进入的主要区别为，企业输出的是技术、技能与工艺而非产品。与投资式进入的区别为，它不对目标国家投资，属于一种"非股权安排"。契约式进入的主要形式如下。

（1）许可证协议。许可证协议是协议中的许可方和被许可方签署的关于让渡专利、技术、商标等权利和义务的文件，协议在签署后便具有法律效力，有效期一般为 5～10 年。通常情况下，许可证协议中转让的不是无形资产的所有权，而是其使用权。与贸易式进入相比，许可证协议最明显的优点是可以绕开各种贸易壁垒，降低运输成本。此外，许可证协议是一种投入较少的市场进入方式，政治风险比股权投资小，因此许多国家都偏向于把许可合同作为获取技术的途径，而不是对外直接投资。当目标市场的规模有限或不确定时，许可合同也显得更具有吸引力。但许可证协议也有缺陷：第一，企业必须拥有相对独特且国外潜在用户有需求的专利、商标或商业秘密，这样企业才有可能采用许可合同作为进入模式；第二，许可方可能失去对目标市场营销规划和方案的控制，因为许可方依赖于被许可方的市场经营；第三，通过许可合同所取得的收入（很少超过 5%）一般比通过商品出口或直接投资所取得的少，而且会受到许可证协议有效期的限制。

(2)特许经营。特许经营是许可证协议的特殊形式，它是指特许方企业将特定的经营权许可给独立的企业或个人使用。被特许方用特许方的品牌名称经营业务，遵循特许方制定的规章和程序。作为回报，特许方从被特许方处取得连续"提成费"和其他形式的经济补偿。在产品和劳务易于标准化的消费市场，特许经营方式就较为普遍，如遍布全球的麦当劳、肯德基和必胜客等快餐店就是特许经营的典型例子。特许经营作为企业进入海外市场的一种方式，其优势是投资少、见效快，具有独特的市场形象，营销体系统一，政治和文化风险小，企业可以在较短时间内利用现有的品牌快速占领市场，并有效减少管理层次，实行高效迅速的存货管理，而对于特许方来说，特许经营能快速建立起一套营销体系，使特许方占领市场，并稳定地赚取特许收益费；不足之处是特许方的盈利有限、特许方对被特许方缺乏全面的控制、有培养竞争对手的可能、特许方与被特许方之间的关系相当复杂等。特许经营和许可证协议的区别见表 1-1。

表 1-1　特许经营和许可证协议的区别

许可证协议	特许经营
支付形式通常是"提成费"	支付形式通常是"管理费"
把产品甚至是唯一的产品作为许可内容	被许可的内容涉及整个经营过程，包括技巧、知识产权、商标、商誉
许可证协议一般由长期经营业务的企业承担	业务刚发展起来的企业更青睐特许经营
许可证协议有效期一般为 5～10 年，涉及版权、商标和商业秘密等内容的许可证协议，一般其协议期限与专利的期限一致	特许经营协议有效期一般为 5 年，有时会延长至 10 年，通常可以续签
被许可方处于较为主动的地位，它们通常是有长期经营业务的企业，并能证明有实力承担技术许可	被特许方通常是由特许方挑选的，被特许方的更换权也掌握在特许方手里
一般仅限于现有的产品，不需将技术发展转让给被许可方	作为特许经营协议的组成部分，特许方通常要把最新的技术发展传递给被特许方
不会影响企业的商誉	虽然特许方将保留主要的商誉，但被特许方会将部分企业商誉地方化
许可方在价格谈判方面有一定的主动权	特许经营费有行业标准，偏离行业标准的做法比较少见

(3)交钥匙合同。交钥匙合同模式，通常指发展中国家在输入技术时，因无力单独完成建厂任务而与设备供方订立合同。其一般由设备供方负责项目的全过程，包括从可行性研究到设计方案，从采购设备、建厂施工到试车运转和正式投产。跨国公司往往会利用自己在设计、施工和生产系列环节中积累的专门知识和经验，以及完成项目工程的综合优势，通过交钥匙合同进入目标市场。一个典型的交钥匙合同项目的参与方包括政府、交钥匙合同项目公司、投资人、银行或财团以及承担设计、建设和经营的有关公司。政府一般是交

钥匙合同项目的控制主体,并行使必要的监督权。项目公司是交钥匙合同项目的执行主体,所有涉及交钥匙合同项目的工作(筹资、分包、建设、验收、经营管理以及偿还债务和偿付利息)都由项目公司负责。银行或财团是交钥匙合同项目的主要出资人。投资人是交钥匙合同项目的风险承担主体,他们以投入的资本承担有限责任。

尽管交钥匙合同是一种很好的基础设施投资、建设和经营方式,但交钥匙合同模式多用于投资较大且周期长的项目,其特许期往往有十几年或几十年,所以风险较大。其可能出现的风险包括政治风险、市场风险、技术风险、融资风险和不可抵抗的外力风险。

(4) 管理合同。管理合同是指一个企业以合同形式给予另一个国家涉外企业进行日常经营的权利。通常情况下,由合同授权公司作出一系列安排,如进行新的投资、承担长期债务、更改所有权安排、进行红利分配等。管理合同是对企业经营活动进行管理,不涉及股权或企业产权,故属于契约式进入。管理合同被广泛应用于服务业,特别是旅游、国际旅店、公共服务(如交通运输、电力、电信、医药、港口管理和金融服务)等第三产业。

20 世纪 90 年代,管理合同的一种新形式——业务外包在跨国公司中悄然兴起。业务外包是指通过委托代理契约将企业内部的某种职能或某项任务分包给其他企业或组织来完成,以最大限度地发挥本企业的核心优势。通过业务外包,企业的业务流程和管理范围得到重新整合,从而使企业实现价值链的增值,比较常见的业务外包形式包括原始设备制造商(OEM)和原始设计制造商(original design manufacturer, ODM)。OEM 是指制造商根据品牌商所提供的产品设计、与产品生产相关的技术协助,通过提供劳务为品牌商生产指定产品的供应方式。这种方式对于经销商、品牌商和制造商来说,就是将生产过程进行转让的生产外包。ODM 是指结合制造商本身和产品开发技术,展开产品设计工作,并依据品牌商对产品的需求,使用品牌商指定的交易品牌交付产品的供应方式,这种方式简单地说就是设计外包。

业务外包战略的优点:第一,公司可以集中有限资源,建立自己的核心能力,进而构筑公司所在行业的进入壁垒,以获得长期高额利润。第二,能够降低风险。公司通过外包可以利用战略伙伴的资源,缩短产品从开发、设计、生产到销售的时间,并减少在较长时间内由市场需求或技术变化所造成的产品风险。第三,可以降低经营成本。这主要归因于专业化分工带来的效率提升。此外,业务外包有利于企业节省巨额的固定资产投资,减少由资产专用性引致的企业沉没成本,改善企业的资本结构,降低企业的资产风险。

当然,实施外包战略也存在风险。外包可能会使公司失去对一些产品或服务的控制,从而增加公司日常经营的不确定性,如果失去对外包的控制,甚至会影响公司整个业务的发展。

3) 投资式进入

投资式进入是指跨国公司用股权控制的办法,直接参与目标国企业的生产和管理,具体方式包括新建和收购。其中,收购又包括新设合并和吸收合并。前者是指参与合并的公司完全消失,另成立一家新公司;后者是指一家或若干家公司并入一家续存公司,该续存公司接管被合并公司的全部资产和业务,并承担全部债务和责任。

从股权结构看,投资式进入可以分为合资经营进入和独资经营进入。

(1) 合资经营进入。合资经营进入是指外国企业与东道国企业分享位于目标市场的企业的所有权，分担资本和其他资源，并共同管理、共担风险、共享利润。

合资经营进入又可具体分为控股合资型股权模式和非控股合资型股权模式。控股合资型股权模式是指企业在目标市场国家与当地企业分享资本或其他资源的所有权，并根据股本的多寡来确定企业经营决策权与管理权的经营方式。在这种模式下，一般中方投资占公司注册资本的51%以上，即绝对控股，剩余部分由东道国的合资方投入，公司通常有两个或两个以上的股东。非控股合资型股权模式即在合资企业中中方投资占公司注册资本的49%以下，这种模式往往出现在东道国政府出于保护民族工业的目的而对外国投资者在某一行业的投资进行限制的情况下，或作为中方出于了解市场的需要在投资初期所作的尝试性选择。

合资经营形式的主要优点：第一，通过合资企业的关系，可方便取得当地财政支持、资金融通、物资供应、产品销售等方面的便利和优惠，减少我国企业的资金投入。第二，我国企业可以利用当地的人力、财力、物力、技术等优势，迅速进入当地市场，并享受东道国的各种优惠政策，避免或减少经济和政治风险。同时，合资经营还有利于我国企业吸收和利用合资伙伴的管理和营销技能及其在市场上的信誉以及供货和销售渠道等，通过充分利用合资双方的优势，产生更大的效应。第三，我国企业可以利用当地合作伙伴与东道国政府的关系，了解所在国的政治、经济、社会、文化等情况，保证取得企业经营所需的信息资源，以便不断调整经营策略，弥补在跨国经营初期独立经营经验不足的缺陷。第四，合资企业容易给人留下"本土企业"的印象，因而可以减少或避免政治风险。一般来说，合资企业能够获得东道国政府的诸多优惠和保护，减少东道国政策变化带来的风险或被征收的风险。合资经营的缺点：合资双方在企业文化和战略目标方面产生的冲突常常会使企业的经营活动陷入困境；不利于保护技术秘密。

在我国开展跨国经营的企业中，独资和控股合资型企业所占的比例都较高，特别是在进入某国市场的初期，由于对环境不太熟悉，我国企业往往选择控股合资形式，通过对象国的合资伙伴来打开市场。但随着对投资国环境的熟悉，为了避免因文化差异及管理理念不同所产生的矛盾，中方企业往往由合资过渡到独资。

(2)独资经营进入。独资经营企业是指母公司对企业拥有100%的控制权。独资经营进入方式的优点：第一，可以节省运费、关税，以及利用当地便宜的生产要素和资源价格等，从而降低运营成本；第二，更好地满足当地需求偏好，生产适销对路的产品；第三，保证母公司的绝对控制权；第四，保护商业秘密，防止技术向外扩散等。例如，我国大型企业集团的主导产业在亚太地区具有一定的技术优势，且对地理、人文环境熟悉，生产和技术向这些国家转移较为容易，因此多采取独资经营进入方式。独资经营进入方式的缺点：第一，投入的资金及资源较多；第二，受投入地政治、文化影响较大，风险更大；第三，在经营过程中容易因对当地的社会习惯、法律制度、商业环境不熟悉而增加战略实施的难度；第四，若政治局势不稳定，容易产生较大的政治风险。

2. 中国企业跨国经营的市场进入模式

中国企业进入国际市场的模式也不外乎上述几种市场进入模式，基于我国企业国际化投资的动机和能力，中国企业的"走出去"战略，必须结合自己的比较优势，并充分利用国际产业转移的机遇，选择合适的市场进入模式。

不同的企业进入国际市场的动机和目的不同，因而其进入模式也不同。中国跨国经营企业在境外进行资源开发，尤其是石油勘探开发，主要采取国际上惯用的中外合作开发方式；贸易型企业则主要采取中方独资的方式；在境外开展的生产型项目绝大多数采取的是与东道国或第三国的企业合资或合作经营的方式；在中国香港的中国内地投资企业则有不少采取由内地控股的股份制上市公司方式。具体而言，根据股权特点，我国跨国经营企业主要有中方独资型、控股合资型和非控股合资型三种类型。

在境外直接投资的起步阶段，由专业外贸公司建立的境外企业因投资额相对较小，一般都以独资形式在境外注册，国际通行的投资方式主要有新建和收购两种。目前，新建投资方式在我国海外投资中约占 78%，收购投资方式仅占 22%。相比之下，发达国家的对外直接投资有 50% 以上采取收购方式。从所有权格局看，我国海外企业中，合资企业占 80.0%，其中与东道国合资的企业占 71.4%，与第三国合资的企业占 8.6%；海外独资企业仅占 20.0%。可以看出，我国企业跨国投资主要还是采用合资经营的方式，这实际上体现了我国企业作为跨国经营后起者的行为特点：一方面，我国企业海外经营经验不足，对东道国的有关政策法律与经营环境不熟悉；另一方面，我国企业缺乏收购企业所需的巨额资金，难以采用独资方式，而这些都需要外国合作者的引导和支持。合资经营可能在今后一个较长的时期都是我国企业在跨国投资发展时的主要经营方式。不过，随着我国企业国际经营经验的逐步积累，以及对国际市场和东道国环境的逐步熟悉，一些合资公司有逐步转变成独资企业的趋势。

3. 关于中国企业组建战略联盟的思考

1）正确认识企业间战略联盟的竞争与合作关系

随着全球一体化的不断深入，跨国公司出于增强对全球市场领导力的考虑，纷纷与竞争对手建立战略联盟。昔日的竞争对手转变成今日的盟友已成为非常普遍的现象。一方面我国企业要认识到与大型跨国公司建立全球战略联盟伙伴关系是获得未来市场机会最有利的途径，但另一方面也应该看到，国际战略联盟实质上是以合作代替对抗，是更高形式的激烈竞争的开始。因此，我国企业应明确战略目标，选择好合作者，并注意保护好自己的品牌、技术或分销权等无形资产，以免联盟权力向跨国公司转移，同时要加强战略联盟内部管理的协调与整合，保证联盟的有效运行。

2）技术引进与自主知识产权的创新相结合

我国有一定优势的企业在与跨国公司建立战略联盟时，不仅要强调产品联盟，更要注重知识联盟。但从实际情况看，我国企业整体技术基础薄弱，科研经费投入不足，科技产业化体制尚不完善，在一些技术进步速度快的产业中，因核心技术和产品更新迅速，等到我国企业开发成功并形成生产力时，这样的技术与产品早已过时，或已被其他企业开发成功，从而根本就不能形成生产力。因此，近期我国绝大多数企业在与跨国公司联盟时还是应注意以引进技术为主，并努力增强自己的吸收和转化能力。我国在大多数劳动密集型产业领域和一些传统产业领域拥有优势，因此关键是如何加强国外先进技术与国内优势企业的对接，提高企业的国际竞争力（杨瑞龙等，2012）。

1.4 中国外派现状

改革开放 40 多年来，我国经济日益发展，经济体量已位居全球第二。我国对外投资也历经了 20 多年。2001 年我国加入世贸组织，这使我国能够更进一步跻身于世界竞争的行列之中。这些都给我们带来了巨大的挑战，但同时也带来了更大的机遇。

党的十六大明确提出，坚持改革开放，必须坚持将"引进来"和"走出去"相结合，不断提高我国的对外发展水平。党的十八大以来，我国以"一带一路"建设为引领，加强规划引导、推进业务创新、加大政策支持、强化服务保障、营造良好环境，对外直接投资蓬勃发展，这也对深化我国与有关国家的经贸关系、扩大进出口、培育企业竞争优势、促进产业转型升级发挥了积极作用。在党和人民的共同努力下，"一带一路"建设成效显著。目前，我国已经成为"一带一路"许多沿线国家的主要投资国，我国与这些国家的合作内容不断丰富，涵盖农林开发、能源资源、加工制造、物流运输、基础设施等多个领域；合作方式也不断拓展，从以传统的商品和劳务输出为主发展到商品、服务、资本输出"多头并进"（秦玲玲，2018）。

党的十八大以来，我国对外直接投资大幅增长，2012 年我国对外直接投资流量仅为 8780353 万美元，而 2016 年翻了一番，达到 19614943 万美元，在此之后虽稍有回落，但我国整体对外直接投资存量仍然呈增长趋势，如图 1-4 和图 1-5 所示。

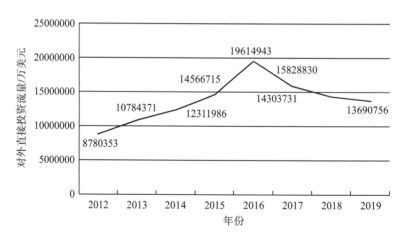

图 1-4 2012～2019 年我国对外直接投资流量

（数据来源：国家统计局网站①）

---

① 网址：http://www.stats.gov.cn。

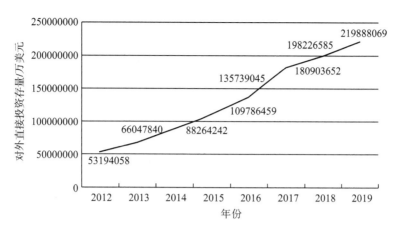

图 1-5　2012～2019 年我国对外直接投资存量

（数据来源：国家统计局网站①）

　　自 2013 年习近平总书记提出"一带一路"以来，我国对外劳务合作年末在外人数即我国海外派遣年末在外人数在 2014 年激增，2015～2019 年一直保持在 60 万人左右，且 2016～2019 年稳中有增，2019 年达到 10 年来的最高峰 624000 人，而 2020 年受国内外疫情影响，我国在外派遣人员数量减少了近 50%（图 1-6）。

　　国家统计局的数据显示，2020 年我国派遣至海外的劳务人数为 162300 人，同样由于新冠疫情影响，派遣人数较 2019 年减少了 41%。2012 年党的十八大召开，促进了海外投资的发展，加快了我国企业跨国经营的步伐，使得更多人员被派遣至海外工作。2011 年我国对外劳务合作派出劳务人数仅为 20 万人，而 2013 年则达到了 25.6 万人，增幅达到 28%。自 2013 年以来（2020 年除外），我国每年外派员工人数基本稳定在较高的位置（图 1-7）。

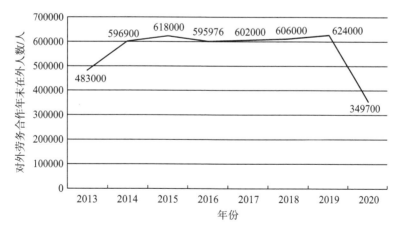

图 1-6　2013～2020 年我国对外劳务合作年末在外人数

（数据来源：国家统计局网站）

---

① 网址：http://www.stats.gov.cn。

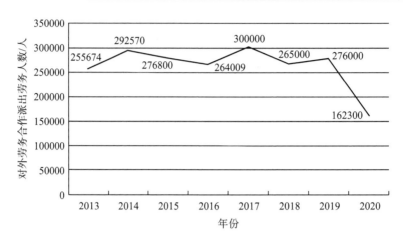

图 1-7　2013～2020 年我国对外劳务合作派出劳务人数

（数据来源：国家统计局网站）

　　企业开发海外市场，使得企业成本降低，从而能够实现更好的资源配置，提高自身的全球竞争力。因此在跨国合作逐步密切的今天，跨国企业之路，成了很多企业的必经之途。由此带来了集团化企业如何在异地实现自己的发展战略，以及有效传导管理要求的新任务，而外派人员的管理成为所有跨区域发展的企业必须面对的问题。

　　目前，随着中国跨国企业海外发展的深入，特别是在发展中国家市场的发展，摆在中国员工面前的选择发生了变化，他们不得不在"离开故土"和"留下来"中选择一个。

　　跨国公司倾向于选派年龄在 30 岁左右的员工，或 50 岁以上的资深员工到海外工作。因为前者大多还没有结婚，没有家庭负担，后者基本完成了教育和抚养子女的任务，子女已长大成人或已组建自己的家庭，他们的配偶有些甚至愿意同行。而中国的跨国企业，更倾向于外派 30 岁左右接受过高等教育的员工(解南，2007)。这些人尚无家庭负担、毕业时间不长、工作热情高涨、获取新知识能力强，能更好地与当地文化相融合，更适合外派的工作。通过外派，他们不仅可以积累财富，更重要的是可以通过在海外的历练和经验积累，提高自己的业务能力和水平(杜晓晖，2010)。

　　对于一些已有家室的外派员工，为避免外派人员生活孤独，保证他们正常的家庭生活，一些中国跨国企业允许家属一同前往，并帮助家属解决教育、就业等问题。例如，联想有明确的条文规定：鼓励外派员工家属陪同，重视对外派人员及其家属的培训，一个星期组织两次语言学习，不允许中国外派人员单独用餐，必须和东道国员工打成一片，提高语言熟练程度，以避免由于文化的不同而产生误会(周燕华和李季鹏，2012)。我们可以发现，中国跨国企业已经或正在采取一些组织支持的政策，帮助外派员工减少在外国工作和生活时可能产生的不适。

　　但是在现实管理活动中，由于外派人员管理不是企业日常管理的关注焦点，企业对外派人员管理的研究也相对边缘化，企业对外派人员的关注及投入的资源均不够，众多企业对外派人员的管理基本上是顺其自然、相对松散的状态，较少体现系统完整的管理思路，外派人员也受到区域跨度、文化差异、股东利益、远程管理等多种复杂因素的影响，这些都造成外派成效不理想或外派失败。

美世人力资源公司《2005～2006 年国际员工外派调查》结果显示，约有 44%的跨国公司在 2005～2006 年增加了外派员工，约有 84%的跨国公司采取了短期外派的方式，但仅有 50%的公司制定了合理可行的外派人员管理制度。

另外，美国相关机构的抽样调查结果显示，参与调查的人中约有 7%的人认为外派失败率或被总公司召回的概率为 20%～40%，约有 69%的人指出被公司召回的概率为 10%～20%，只有 24%的人认为召回概率在 10%以下。但有专家认为，美国跨国公司的外派失败率为 16%～40%，即使外派工作按时完成，也表现为绩效低下(李航莉，2016)。

外派失败一般包含三种状况：①外派员工因为工作开展不顺利而提前回国；②外派人员虽未回国但外派工作效率极低甚至无效；③外派工作按时完成但外派人员回国后辞职。跨国公司人员外派失败不仅会给企业造成损失，也会使被派遣人员遭受伤害。

对于跨国公司，外派失败造成的损失主要有：①人员外派付出的高额人力资本；②公司的总业绩和绩效下降；③损害母公司同东道国的关系；④干扰母公司的海外发展战略；⑤归国人员流失等。

对于被派遣的员工，外派失败将会对其个人及职业生涯造成双重打击。首先，对于个人，外派失败不可避免地会伤害员工的自尊心，打击其工作信心；造成员工家庭不稳定；员工在归国后遭受"逆文化冲击"与外派失败的心理压力等。其次，外派失败往往会严重损害员工职业生涯的发展；在本行业领域声誉因外派失败而受损；降低员工在归国后的工作积极性；不愿再向其他外派人员提供经验或者帮助等。

外派失败的原因是多方面的，从企业角度分析，通常企业缺乏有吸引力的外派机制和系统化的管理体系，这些都会对外派工作造成阻碍，使外派工作缺少吸引力和吸附力，造成外派失败；从个人角度分析，外派失败则更多是因为员工自身不胜任新岗位及对文化、家庭、环境的适应能力较差造成的(马淇靖，2020)。

案例 1.1：　"一带一路"沙特项目建设中的跨文化管理[①]

在中国推进"一带一路"的过程中，包含跨文化、民族、标准、法律政策、文化等要素的跨界国际化项目管理已经在中东区域的国际化项目管理过程中普遍被实践，其已基本具备国际化跨文化管理特点。

在沙特阿拉伯，以英美文化为代表的西方文化广受欢迎。在日常语言沟通方面，英语和阿拉伯语在沙特都是通用语言。沙特境内没有影剧院，但卫星电视、录像机已进入寻常百姓家庭，互联网发展势头迅猛。据不完全统计，沙特在美留学生人数已上升至 4.7 万，陪同亲属将近 7 万人。沙特国家工程行业的商务理念和技术标准基本沿袭英国和美国的理念和标准。以笔者所在项目的主要客户沙特阿美公司为例，其管理模式是英美上市公司的管理模式，高层管理人员均为留学英美的沙特知识精英，他们的思维方式、做事风格甚至生活习惯都已经西方化，而项目组织管理方式为质量、安全、进度管理"三权分立"。在经营方面，沙特要求采用世界上最高的技术标准。在商务沟通方式上，其严格执行国际准

---

① 案例来源：兰志成(2018)。

则，并以书面文件、邮件为准，电话、面谈均不算数。

公司经营业务国际化。沙特市场建设需求旺盛、资金充裕，这吸引了全世界的建筑承包商来此发展。这里的市场竞争是国际顶尖企业之间的竞争，且十分激烈。沙特人认为阿拉伯民族是世界上最优秀的民族，因此在工作岗位选择方面，沙特人普遍不愿从事低级领域的工作，如在建筑工地上就基本看不到沙特人的影子。笔者所在项目的所属公司雇佣的工人基本来自印度、巴基斯坦、孟加拉国和斯里兰卡等南亚国家，公司推行的人力资源属地化，在沙特实际上是人力资源"国际化"。

在沙特，担保制度无所不在。在业务往来过程中，从事任何一项工作，都需要通过沙特人注册的代理公司与沙特本地政府沟通。设备材料清关、人员配额申请、税务上缴、项目投标、法律事务处理、劳工工作合法性担保和船舶合法作业的挂靠等都需要沙特本地人作为沟通桥梁，与政府对接。沙特对标准和消费品实行"国际化"，但在国家内部制度设计方面实行民族保护主义。

笔者所处项目的管理人员来自多个国家，文化冲突较大：第一类是本土籍员工即施工所在国的当地人员；第二类是公司派遣员工，包括从项目管理层面到项目技术实施层面的核心骨干；第三类是第三国招聘人员，在沙特外籍劳动力成本日益高昂的现状下，很多国际性工程公司都是从第三国招聘高级管理者，这已成为一种趋势；第四类是本土籍的第三国劳工人员，这类人员在沙特等中东市场占有非常大的比例，多为扎根市场并了解本土标准和价值观的职业经理人。笔者所在的项目部基于项目管理团队建设需要，建立了如下文化管理思路。

(1)积极推进不同文化的融合。沙特项目党总支与国际环境职业健康体系对接，把保护员工健康安全和提高员工生活质量作为党建工作的出发点和落脚点，积极落实"身心健康、快乐阳光"理念；针对沙特特殊的自然、社会人文环境，以及项目员工均为男性的特点，更加关心员工身体健康、心理健康，坚持做到出国人员在出国前必须进行严格体检；制定疾病防控与治疗紧急预案，加强疾病的预防与治疗，切实搞好营地环境卫生，并与本地医院合作，建立诊所，以方便员工就地就医。

(2)开展跨国籍文化共建。举办与业主间的团队建设活动、巴基斯坦独立庆祝、斯里兰卡新年庆祝等活动，并以项目文体活动为文化沟通桥梁，积极组织外籍员工、中国籍员工广泛参加，使其融入项目文化建设氛围之中，促进不同个体接受公司项目文化。建立职工书屋和员工帮助计划(employee assistance program, EAP)工作室，开展"送医疗""送电影""送卫生体检""送清凉"的活动，做到日常思想、安全卫生及员工身体健康档案全覆盖。同时，每天都开展针对不同群体和建设者的思想情感沟通，避免各类矛盾的累积和激化，化解和疏导队伍员工的情绪问题。

(3)建立跨国界的制度体系。制度文化是项目管理的基础，根据沙特劳工法，建立规范、完善的关于自行组织人员、本土人力机构招聘和沙特籍员工招聘的基础制度。外籍建设者由笔者所在项目自行组织招聘，这些人员远离他乡，对沙特的宗教、风俗及公司企业文化均不太了解，应让其适应沙特文化和融入项目建设节奏。制定《人员进场培训制度》和《入场安全教育制度》，对进场人员进行相关专项培训，并提供必要的生活指引和困难反馈渠道，促进异国劳务输入人员的企业融入感，减少雇主与他们的隔阂。根据员工来源国别文化，建立考勤制度、工资发放制度、工时卡签单制度、休假管理制度、工伤管理制度、回国申请制度、工种转换制度、薪酬转换制度、绩效考核制度、违纪违规奖惩制度、劳保用品领用制度等一系列人力资源制度，让项目在管理过程中有章可循。

(4)建立跨国 HR 团队。培养一个成熟专业的 HR 管理团队，以本国人管理本国人，减少管理过程中的阻力。在异国人员规模不大时，雇主可以通过雇主公司直管人员进行管理。一旦异国劳务人员超过 100 人，仅通过中国籍人员管理则容易因沟通不畅而引发冲突和对立。因此，雇主在招聘异国输入型人员时，应考虑每招聘 100 名员工相应地招聘 12 名专业 HR 管理人员。而若在人员招聘启动之初，就安排已经了解项目部制度文化的 HR 开展宣讲(如进一步将各项管理制度翻译成招聘国语言，让中介机构在招聘时将其发放给员工学习和了解，并要求员工签字确认)，则能让员工对所在国的工作环境和企业制度有更直观的了解，可以缩短他们适应和融入企业管理的时间。

(5)建立突发事件预防机制，做好国际型项目团队心理疏导工作。通过对异国劳务输入型 HR 的耐心培养，让其在短时间内掌握企业各项涉及异国劳务人员管理的规章制度，并使其直接参与到该国人员的管理中。通过对 HR 管理团队的掌控，整体把握员工的心理状态。雇主可以通过 HR 管理团队应对和解决发生的冲突，HR 管理团队为企业处理争议事件提供了一个缓冲地带，避免雇主与员工的直接对立。

案例 1.2　福耀玻璃国际化[①]

克劳德·萨马加(Claude Smadja)：接下来我们欢迎曹德旺先生。曹先生是福耀玻璃集团的创始人兼董事长。福耀是世界玻璃行业的领导者，是汽车玻璃行业的翘楚。曹先生在国际市场拓展上有很多成功的大手笔投资，经验丰富。借此机会提问曹先生：基于福耀玻璃的经验，您觉得在走向国际化的过程中，成功的原因是什么？作为团队，在国内和国际舞台上，福耀能成为行业翘楚，成功的因素有哪些？

曹德旺：如果我没有理解错，应该是两句话：一是怎样在中国获得成功；二是怎样走向国际化。

怎样在中国发展成功呢？我认为最值得社会借鉴的是诚实、务实。福耀提倡务本，就是凭本事来做事、凭特色来定位、凭角色来做人，在什么位置上讲什么话。我做汽车玻璃，只能站在汽车工业旁为其服务，做细、做强、做好。如果真正把自己所有精力和爱心都分享给这个社会和这个产业，我相信你不成功都不行。福耀是全球最大的汽车玻璃制造商，所有品牌车几乎都用福耀玻璃。

第二个问题是怎样走向国际化。走向国际化首先要思想国际化，要行为、习惯和语言国际化。在国际市场上我去的都是发达地区，韩国、日本、德国、英国、瑞典、意大利、美国都有我的企业。这些国家首先就要求你做到公开透明来保证公正、公平。

福耀起初没有注意到这些事情，我曾经做了很多帮助社会的工作，中国媒体给我很高的评价。当我真正走向国际时，发现国际市场很在乎这些东西。我认为走向国际化，首先

---

① 案例来源：王辉耀和苗绿(2015)。

在思想和行为上要国际化，跟他们接轨。

我们这次在美国投资，2014 年计划投 5 亿美元，2014 年做不完，2015 年还要做一年，财务总监、人力资源总监、总经理都是美国籍，除中国派去的干部组织以外原则上不派中国人。我们在那边特设了一个职位，董事长助理。做什么呢？社区关系总监，专门和工会、政府、学校和社团打交道，还接受员工的投诉。现在我们能够得心应手地去处理这些事情。我们从 1995 年开始在美国投资，1995～1998 年连续亏损 3 年，后来我请他们帮我研究为什么亏损，他们给我解释完我认为对，应该转变做法。2000 年就开始盈利了。产品销售多了以后，跟美国人打官司就跟做游戏一样，后来同他们政府的关系也处理得很好，我跟美国商务部部长、财政部部长都交流过。

福耀进入俄罗斯已经 17 年。我第一次应俄罗斯国家杜马邀请访问俄罗斯时，是跟人大代表团过去的。我发现一个问题，俄罗斯如果改革成功，将来会非常富有，对汽车的需求量会很大。我们决定先在俄罗斯成立办事处。用什么东西养活办事处呢？用维修市场来买代理，赚的钱养办事处，做了 17 年。俄罗斯像我预期一样发展起来了，我了解完俄罗斯的法律法规后，决定在那里投资设厂。当时我是大众最大的供应商，大众到俄罗斯，福耀必须跟过去，不跟过去大众会生气，毁掉我的合同。我们的项目落地俄罗斯时，总统帮我签订合同，可以想象他们对中国制造业有多么重视。

不同国家有不同的地缘文化、政治文化、人文文化和商业文化，拥有不同的行为或思维方式。有的国家保护主义非常严重，竞争很激烈，我们的进入会伤害他们的利益，这时会选择尊重他们。去美国、俄罗斯，是因为那里短缺。现在去美国投资是很好的机会，但也要看投资什么行业。美国的劳工很贵，如果做劳动密集型行业，劳工用工多，肯定贵。我做汽车玻璃，美国是存储和用量最大的国家，因为各种原因导致本土企业不能够支撑，所以几家外国企业给他们做了。

对于福耀走向国际，现在谈成功尚早。我刚办工厂“走出去”，产品出口则很早，十几年前就在做。办工厂“走出去”，我们第一要谨慎，在没有弄清楚之前不会贸然地跨出去一步；第二要尊重，在美国办厂绝对要尊重美国人，“一把手”“二把手”“三把手”都由美国人来当。以前我一去，美国总经理就会组织记者采访，我对他说：我来要对媒体绝对保密，公司需要对外发布什么信息或记者需要采访公司，由你总经理出面，这是你的职责，我不露面，我是中国人；我如果能够露面，能够说话算数，请你来干吗呢！

我们曾收购了一家企业，它原先有工会。按照兼并条例，它把工人全部遣散；按照新的法规，我可以招新工人，如果说新工人不要工会，可以不成立工会。那这个问题我们怎么处理呢？我们拜访了工会的人，告诉对方非常希望跟他们合作，工会的人很高兴，很愿意配合我们，一起讨论怎样把企业做好。我们跟工会的利益是一致的，就是讨论一下该怎么分配利益切割点。

克劳德·萨马加：非常中肯的建议！在接下来的论坛议程中，我们会进一步讨论。通过大家交流，我们可以清晰地看到“走出去”的驱动力存在加速趋势。我们还要提升企业“走出去”跟当地展开对话以及预防和解决冲突、摩擦的能力，这有助于投资的成功。

第2章 文化与跨国管理

任何企业从建立到运营都处于一定的文化环境下，不同的文化影响着企业的经营，而对于跨国企业而言，其成功经营必然依赖于对不同国家文化的了解与融合。本章将介绍文化的定义、特征以及文化所具有的不同层次，并进一步从组织价值观和组织结构两个角度阐述文化对组织产生的影响。为使读者能够更好地了解当今世界的一些重要文化，本章对中国、美国和日本三个国家的文化也进行了概述。

2.1 文化及其层次

2.1.1 文化的定义

文化的定义有广义和狭义之分，广义的文化包含了物质财富和精神财富，其中物质财富包括建筑、交通、饮食、服饰等方面，它是指人类创造的各种物质文明；精神财富有文学艺术、科技成果、法律规章、宗教信仰和道德规范。广义的文化还可以细分为物质文化、心理文化和制度文化。狭义的文化则更多地强调精神财富方面，包括法律规章、宗教信仰、道德规范、礼仪乐章等。

英国人类学家爱德华·泰勒在《原始文化》一书中第一次给狭义文化下了明确定义："文化是一个综合体，其中包括知识、信仰、艺术、法律、道德、习俗以及作为社会成员的人们掌握的其他能力和养成的习惯。"

文化可以分为以下若干类，制度文化(包括社会的政治制度、经济制度、司法制度等)、习俗文化(包括劳作、起居、交往、婚姻、生育、节庆等方面的习惯、礼仪)、服饰文化(包括服饰的式样、颜色、季节变换的习惯等)、饮食文化(包括饮食的方式、品种、烹调的艺术等)、休闲文化(包括休闲的方式、种类、时间长度等)、精神文化(包括哲学观念、价值取向、道德规范、宗教信仰等)、艺术文化(包括戏剧、电视、电影、绘画、雕塑、书法、音乐、舞蹈、建筑等)、语言文字文化(包括具有特殊结构的文字以及与文字相关的特殊语音、用文字或语音表征的事物或思想的特殊规律等)和遗存文化(包括历史上遗留下来的见证历史的各种遗存物，如古建筑、古生物化石、古工具、古艺术品等)(阮正福，2005)。

2.1.2 文化的特征与功能

1. 文化的特征

文化具有以下几种特征。

(1)学习性。文化并非与生俱来，而是人类通过社会活动以及学习行为，潜移默化地产生于内心世界。这种学习过程是缓慢的，由此形成的文化甚至可能与原有的文化产生碰撞，且必须融入文化群体中，通过耳濡目染形成(关世杰，1995)。

(2)强制性。文化无形地存在于人们的内心世界，那是否外界人士就无法窥见呢？答案是否定的。人们在其社会行为中，通常会无意识地将文化"外露"。由此，可以用两句话来总结这一特性：一是文化将成为一种无形的约束体系，强制人们在社会行为中始终遵循某一准则，而几乎不会偏离。二是通过观察、了解人们的社会行为，就能够了解其存在于内心世界的文化理念(陈晓萍，2016)。

(3)有机整体性。文化是一项综合体，涵盖的内容非常广，如社交、礼仪、风俗、习惯等。可以说，一种文化，是人们在社会活动中方方面面的行为所组成的共同体。但这并非简单的叠加，而是各要素相互融合后所形成的有机整体(卫哲，2012)。

(4)独立形成且具有偶然性。文化的形成过程，针对不同的群体是相互独立的。例如，日本、英国两国，在经济、社会基础方面都有着极为相似之处，即都沿用资本主义经济体制、都采用君主立宪制、经济发展都较为迅猛、工业化进程都较早等，但两国的文化却截然不同。英国文化具有浓厚的西方特色，而日本文化则具东方特点。这也说明各国在形成文化的进程中，其文化特征的走向，带有一定的偶然性(刘巍，2010)。

(5)不断延续且具有稳定性。文化形成的过程是漫长的，在人类的历史长河中，文化代代相传，并不断有新元素融入、传统理念被摒除，因此文化具有延续、稳定的特性。尤其是产生越久远、群体规模越大的文化，更不容易发生改变(张艳艳和周杏英，2012)。

(6)动态性。文化的形成并非静止不变，其是一个动态的过程。从长远发展的角度看，文化始终会与社会、经济及生活相匹配，并在发展进程中不断革新，摒弃不相匹配的因素，形成新的统一体(黄青，2011)。

(7)交融性(符绍丽，2012)。随着现代经济社会的不断发展，个体在社会生活中承担着不同的角色，会受到多种文化的影响，如民族、职业等。最终群体会受到各种文化的交互作用，从而形成其独有的文化(杨晴，2014)。

(8)共享性。文化是为社会所共享的。社会成员在事物的意义以及这种意义的归因上达成了共识。他们从自己身边的人(如家里的长辈、老师、德高望重的长者、自己的同龄人等)的身上学习文化，因为这些人的生活阅历本身就证明了其价值观的正确性。他们从来都没有怀疑过这种正确性，所以他们都认为自己对此的阐释也没有错。他们一致认同什么是重要的，什么是真正值得尊重的(陈国海等，2017)。

2. 文化的功能

文化本身具有鲜明的功能，具体表现在如下三个方面(陈国海等，2017)。

(1)文化列出了事情的重要次序。文化决定了人们的价值观或对事情优先次序的观念。价值观是为群体所普遍接受的信念，它既是社会文化的组成部分，又是社会文化因素在人们心中长期渗透、积淀的结果，它影响着人们的态度、需求和行为方式，具有持久、稳定的特点。价值观告诉我们怎样去判断事物的价值，它隐含着一种相对的价值等级观念，而价值观或事情的重要次序在不同的文化中各不相同，如名望，在某些文化中其重要程度可能高一些，而在另一些文化中可能低一些。

(2)文化决定态度。态度是后天形成的，是对事物的总体评价。它是一种倾向，对同一对象、情况或观点都以同样的方式做出反应。态度是在价值观基础上形成的对事物的感觉，可以是积极的，也可以是消极的，是可以改变的。人的态度与价值观和信仰等文化因素密不可分。中西方存在很大的文化差异，主要表现为价值观的差异，这也使得中西方的人们在对待事物方面的态度有很大的差异。西方人比较注重个人主义(individualism)价值观，个人主义价值观是西方文明的核心价值观，它是以个人长远利益为根本出发点和归宿的价值观念，强调个人自由和个人重要性；而中国人则偏重集体主义(collectivism)价值观，集体主义价值观是社会主义精神文明的重要体现，强调公共利益高于个人利益。这种价值观的差异在对待家庭的态度上表现得最明显，西方家长会从他们孩子小时候就开始培养孩子的独立性，减少他们对父母的依赖。例如，在孩子一周岁时让他们单独居住一个房间；在学生时期做兼职，挣零花钱；成年以后就和父母分开住。而在中国，孩子从小就跟父母住在一起，即使结婚以后，孩子跟父母同住的现象也很普遍，并且孩子有了自己的子女以后，父母也会帮忙带。这些中西方文化差异造成人们在对待相同的事物时出现截然不同的态度。

(3)文化支配着行为。文化差异首先从人们的行为上表现出来，人们的行为直接取决于人们对事物重要意义的态度，即对事物的价值判断。价值观驱动着行为，而商务活动也是行为的一个重要部分。

2.1.3　文化层次理论

1. 文化冰山理论

文化冰山理论用冰山的特点来描述文化形象，该理论认为冰山在水面上的部分只是很小的一部分，而在水下的部分才是冰山重要的支撑和基础部分，占冰山的90%左右。该理论同时也认为水面上的部分是"显性文化"，而水下部分是"隐性文化"，文化的隐性部分通过显性部分来呈现。所以，与来自不同文化背景的人交往时要注意表面之下的部分，利用对隐性文化的了解来规范自己的行为和期望(图2-1)。

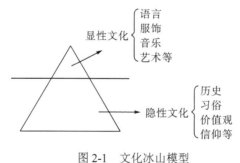

图 2-1　文化冰山模型

2. 文化洋葱理论

文化洋葱理论把文化描述为洋葱层(图2-2)。霍夫斯泰德认为文化好比一颗洋葱头，人们共同的心理程序是群体性的，并体现在不同的洋葱层。这种分层方法能够把看上去混杂而不易分解的文化问题清晰地展现和界定出来。

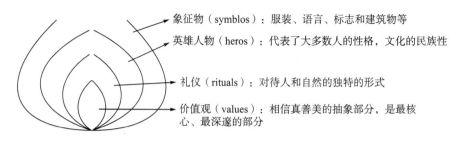

象征物（symblos）：服装、语言、标志和建筑物等

英雄人物（heros）：代表了大多数人的性格，文化的民族性

礼仪（rituals）：对待人和自然的独特的形式

价值观（values）：相信真善美的抽象部分，是最核心、最深邃的部分

图 2-2　文化洋葱模型

以上理论分析文化的粒度不同，但都有一个共同的显著特点，那就是把文化分层研究，将文化分为显性和隐性两个重要层面，这对跨文化冲突（cross-cultural conflict）的认识具有很强的指导性（唐乐，2017）。

2.2　文化对组织和管理的影响

2.2.1　文化对组织的影响

1. 文化对组织价值观的影响

文化对组织产生的最重要的影响，就是直接影响了组织文化体系的价值观。组织目标、组织道德、组织精神等都建立在组织价值观的基础上。在不同价值观的影响下，会产生不同的经营理念，组织会采取不同的管理模式，这在一定程度上决定和影响着企业的行为。

2. 文化对组织结构和人员的影响

在权力距离（power distance）比较大的社会里，组织倾向于拥有更高的组织结构高度、更多的管理人员和更加集中的权力和决策过程。决策的参与者主要为高层管理人员，普通员工极少参加决策，他们只是决策的执行者。领导者的决策是不容置疑的，他们被作为权威来尊崇。

在对不确定性规避（uncertainty avoidance）有较强倾向的国家里，企业一般会有大量正式的规定和文书供员工遵守。在决策和工作过程中，人们会尽可能避免风险，并追求最大限度的稳定和安全。

在集体主义倾向较强的国家中，强调合作共赢，领导发挥着促进团队共同努力和共同进步的作用，从而营造出共同奋进、人与人紧密相连的环境和团队文化。

在男性化（masculinity）色彩浓厚的国家里，管理注重的是任务的完成，激励以绩效为基础。管理人员的任务就是赚取利润使股东满意，并依此制定相应的目标。在女性化（feminity）色彩相对浓厚的文化中，管理人员的任务是在赚取利润的同时，保证员工的福利，并注重企业应负的社会责任和使命。

关于权力距离、不确定性规避、集体主义的具体内容参见本书 3.2 节。

2.2.2　中国文化对组织人员和管理的影响

中国传统文化对组织人员和管理的影响可以从三个方面进行阐述：第一是管理理念，主张以"仁"和"礼"治天下；第二是管理目标，力求取得和谐和合作；第三是管理形式，强调管理者的道德修养及其效应，以及管理者与被管理者的权力距离。

1. 中国文化对管理理念的影响

一些儒家学派的人倡导"君主以仁治天下"，君主想要保障自己的控制权，使下级对自己诚心地拥护和服从，就要施行仁政。很多深受传统文化影响的中国管理者会在企业里实施"仁政"，善待员工，深入基层听取员工的心声。中国企业的领导者认为成功的关键在于得人心。中国组织的管理人员重视对员工的慰问、关心和庇护，不管是物质方面还是精神方面，不仅针对员工本人，还包括员工的家属等，这样的行为主要是让员工对企业有较强的依赖心理，得到员工的忠心(戴昌钧和张金成，1995)，也就是我们常说的"治心"。"治心"指的是企业的所有者或管理人员，在工作和生活上，用各种方法满足和感化员工，让他们感受到温暖，进而对这个集体产生主人翁意识和强烈的归属感(王克婴和王学秀，2009)。

中国人更倾向于尊敬和听从年长、有权威和社会地位高的人。这起源于儒家文化关于"礼"的学说，"礼"强调的是礼节、礼仪，提倡的是要确保组织中的地位等级和决策权力的集中。

2. 中国文化对管理目标的影响

中国传统文化强调中庸之道，倡导以和为贵。中国企业在传统文化的影响下，站在维护企业和谐氛围的角度，处理雇主与员工、员工与员工、企业与外部的关系，追求组织的和睦安定，避免语言和行为上的冲突。中国人倾向于采取间接的态度和方式，在面对不同意见时，一般通过合作调解来解决。

中国的传统文化重视人与人之间的关系，人们重视培养和发展人际交往，编织自己的关系网。通过这张错综复杂的关系网，人们甚至可以接触到资源占有者或分配者，优先得到由他们掌握的资源。在商务往来上，人际关系也十分重要，有些在合同上未被明文规定的，依赖于合同双方的相互信任(范徵和王风华，2008)。

3. 中国文化对管理形式的影响

在中国文化语境下，管理者的个人品德与道德影响力备受重视。中国的企业管理将管理者自身的道德修养放在重要的位置，倡导以身作则、以德服人，管理者的道德若出现问题，其给企业带来的损失是不可估量的。管理者在组织中起到榜样的作用，对企业的组织文化建设和组织精神风貌都起着巨大的作用。同时，下级对上级持一种绝对服从的态度，上级对下级有支配的权利，若没有得到允许，下级就向上级提出异议，则是一种越权行为，就算得到了允许，下级也不一定会向上级提出异议。所以，员工常常知而不言。在瞬息万变的商务环境下，越来越多的企业意识到员工建言对组织发展的重要性，它可以改进企业办事流程,提高运营效率,增强企业的竞争力。有些企业虽把员工建言视为一种积极主动的组织参与行为,并鼓励员工建言,但是真正能做到的员工少之又少。一般情况下,员工就算发现了组织管理和企业流程中存在的问题,也很少主动提出来,在领导询问时,员工常会保持沉默,或者以简单的附和作为回应(廖建桥和周建涛,2012)。

2.3 部分国家文化特点概览

1. 中国文化特点简述

中国文化深受儒家学说和道家学说的影响,这两家学说都认为人与周围的环境是一个整体,认为世界是一个不容分割的统一体。受到此观念的影响,中国社会强调人际交往中人与人之间的和谐相处。与人相处时中国人信奉吃亏是福,愿意为他人着想,乐于维系友好的人际关系,形成了给他人"留面子"的交往习惯;语言表达喜欢用间接的方式,以含蓄委婉的表达与人交流,且倾向于使用潜台词,以在别人拒绝或有不同意见时,避免尴尬,维持关系。在中国文化中,人们推崇谦逊知礼、谨慎、相互合作,一方有难、八方支援,喜欢处于自己熟悉的环境中,不愿意跳出舒适区去冒险(吴海燕和蔡建峰,2013)。

在西方,人们可能会很忌讳聊年龄这一话题,但在中国,人们十分尊重年龄,认为年龄是阅历和智慧的象征。中国文化非常重视"尊老"。在这一观念的影响下,中国企业通常会提拔年龄大、有相关经验的员工,我们也发现,一般情况下管理人员的年龄比被管理人员的年龄大。在中国,企业的决策过程主要是一种高层的个人的决策过程,自上而下,注重民主集中。

2. 美国文化特点简述

美国是一个年轻的移民国家,没有深厚的文化基础。世界上各种文化聚集于此,形成了美国自己独特的文化。

美国推崇个人主义,对人际关系不是很看重。在美国文化中,个体组成了各种组织,包括公司。这些组织里的个体都是理性的,他们为了达到某种目的或获得报酬而加入组织。人们喜欢竞争,强调通过个人奋斗取得成就,认为独立工作时效率更高,即使是对于团队任务和项目,也更看重个人表现。在美国,人们的时间观念很强,参加社交活动习惯事先约定好时间并提前几分钟赴约。他们对个人隐私也十分重视,涉及个人隐私的问题通常不喜欢被问。美国人在追求个人主义的同时,也追求男女平等自由、互相尊重;而在交流时,喜欢用直接的表达方式,开门见山,不喜欢拐弯抹角。

在商务领域,美国文化特点表现为权力距离比较小、不确定性规避低、勇于冒险;在人员的聘用与提拔上,坚持把能力放在首位,强调让每个员工都能畅所欲言,并能够按照自己的想法办事(吴海燕和蔡建峰,2013)。在这样的环境中,管理强调工作的独立性,权责分明,每个人的责任都很清晰。在美国,企业的决策过程是一种个人决策过程,决策从上层开始,逐级向下(郝清民和朴盛根,2013)。

3. 日本文化特点简述

历史上，日本不断吸收中国的儒家思想，受中国传统文化影响深远，强调等级观念、尊卑有序、尊老敬老、追求民族进步。在这些观念的影响下，日本民族提倡忠诚。忠诚在商务领域中也有所体现，日本的很多企业推崇终生雇佣制度，员工对企业忠诚，企业对社会忠诚。大多数日本人对自己的工作单位本着从一而终的感情，常怀感恩之心。反过来，日本企业对待员工的态度则是不轻易解雇，并渐渐成为商务领域的一种传统，这也降低了企业员工的流动率，在一定程度上有利于企业人力资源和管理成本的稳定。日本文化还追求回报祖国，一些企业在遇到自己无法解决的问题时，会寻求政府帮助，政府也会给予相应的帮助。

在日本，人们很重视家族概念，每一个组织都可以被视为一个家族，小到一个家庭，大到整个社会。公司企业也可被视为一个家族，所以人们认为企业里面的个体是带着感情在工作的。人们工作一方面是为了赚钱，另一方面是要满足自己的精神和社会需要（吴敏华，2006）。企业与员工之间不是简单的雇佣关系，而是一种互相依赖的合作关系，注重团队精神。他们认为集体一起工作完成任务，效率更高。在日本，企业一般遵循共同决策的原则，重要决策首先自上而下地讨论，然后自下而上。

日本人之间交流时，重要的信息有时不仅体现在语言上，还体现在语言之外的东西上，言外之意有时更加重要。生活上、生意场上，除了语言之外，那些非语言的要素也在向对方传达着某种信息（周晓星，2010）。在日本，人与人之间交流时，要避免非必要的身体接触，就算是轻轻地触摸也可能会引起对方的不适和误会（马文跃，2017）。

日本人不确定性规避强，在企业里，一般在项目开始之前，大量的时间和精力会被投入到可行性研究中，同时日本人会计算出各个风险因素，并在决策之前列出详细的事实和数字（郝清民和朴盛根，2013）。

文化不是一成不变的，而是与时俱进的，在不同的历史背景下，其不断地被赋予新的内容。例如，日本以前追求集体主义，但后来发现这一观念会带来一些问题，如员工积极性下降、分工不明确、"吃大锅饭"等。所以，现在的日本社会也开始加入一些新的文化要素，如个人价值、权利平等等等。这也反映了文化的动态性和发展性，文化会随着时代变化不断丰富自身的含义和内容，而跨国企业在不同国家开展经营活动时，也要适时做出改变，不断调整自己的企业文化和经营战略。

案例 2.1　联想跨国并购后的经营[①]

1. 并购前联想集团与 IBM 个人电脑事业部情况对比

在成立时间上，IBM 比联想早 70 余年；所属国籍分别是代表东方和西方文化的中国和美国；年营业额 IBM 个人电脑事业部是联想的 3 倍；经营范围一个是遍布全球，一个是局限于亚太地区；世界排名也有较大差距。从各方面情况看，联想都远逊于 IBM，因此这桩

---

① 案例来源：裴学成和杨叶倩（2013）。

并购案也被称为"蛇吞象"。这些"硬件"上的差异为之后联想的跨文化管理埋下了障碍。

2. 联想并购 IBM 个人电脑事业部过程

2004 年 12 月 8 日,联想集团宣布将协议收购 IBM 个人电脑事业部(PCD),希望借此成为一家拥有全球知名品牌、丰富产品组合和领先研发能力的大型跨国企业。美国交易委员会于 2005 年 3 月批准了并购申请,整个并购于 2005 年 5 月 1 日完成,交易总额为 12.5 亿美元(联想向 IBM 支付了 6.5 亿美元现金,以及价值 6 亿美元的联想集团普通股)。并购后两家公司将在电脑销售、服务和客户融资领域保持长期战略合作。此次并购将使联想成为全球排名第三的年收入约达 130 亿美元的 PC 厂商(按 2003 年业绩计算)。此次收购的资产包括 IBM 所有笔记本、台式电脑及其相关业务(包括客户以及分销、经销和直销渠道),Think 品牌及其相关专利,IBM 深圳合资公司(不包括其 X 系列生产线),以及位于大和(日本)和罗利(美国北卡罗来纳州)的研发中心。并购后的联想集团将在纽约设立全球总部,在北京和罗利设立两大运营中心。新联想集团将拥有约 19500 名员工(其中约 9500 名来自 IBM,约 10000 名来自联想集团)。

根据易观国际的统计数据,并购前的 2003 年联想市场份额占中国电脑市场份额的 29.3%,位列全国第一,较第二名戴尔(8.7%)高 20.6 个百分点;并购后联想市场份额进一步增加至 35.1%,联想在国内市场的领先地位更加突出。而在全球市场上,联想集团只占有 2.3%的市场份额,即使加上并购 IBM PC 后所占的 5.8%,也只有 8.1%,虽然其世界排名达到第三位,但其总体市场份额仍远低于戴尔的 16.7%和惠普的 16.2%。

3. 并购后的经营状况

1)五年间 3 次更换 CEO

收购成功的那一刻联想虽然风光无限,但之后的整合过程却让其饱尝艰辛。2004 年 12 月 8 日,联想任命原 IBM 副总裁斯蒂芬·沃德(Stephen Ward)担任新联想 CEO。但并购后第一年的财报显示,计入重组费用后联想单季度净亏 9.03 亿港币。2005 年 12 月 21 日,联想集团宣布任命原戴尔副总裁威廉·阿梅里奥(William Amelio)为新联想 CEO。但 2008~2009 年联想却出现了更加巨大的亏损,全年净亏 2.26 亿美元。当然,亏损原因除了跨文化整合困难之外,也有金融危机的影响。联想集团于 2009 年 2 月 5 日宣布,创始人兼董事柳传志将重新担任董事局主席,现任董事局主席杨元庆将转任 CEO,而原 CEO 阿梅里奥在担任公司顾问至 2009 年 9 月后离职。

2)经营业绩波动

并购交易一般会引起公司财务指标和股价不同程度地波动,因此对并购经营业绩影响的实证研究一般会借助以下两个方法进行:财务指标法与股价波动法。财务指标法是通过比较并购交易前后的财务数据变化进行分析,最常用的是以单一财务指标进行比较。股价波动法则是根据并购事件前后股票价格异常波动的方向衡量企业绩效变化。从国外实证研究结论看,被并购方往往能从并购中获得显著的超额正收益率,而收购方则相反。

(1)经营溢利波动。联想集团公布的截至 2006 年 3 月 31 日的第四季度财报数据显示,集团在计入税及重组费用前亏损 3.17 亿港币,计入重组费用后第四季度净亏 9.03 亿港币。联想在香港发布了 2008~2009 财年第四季度及全年业绩报告,但它这次交出的是一份巨额报亏业绩。联想发布的财年业绩显示,联想集团全年销售额为 149 亿美元,全年税前溢利(不包括重组费用和一次性项目)为 2900 万美元, 全年重组费用为 1.46 亿美元, 全年净亏 2.26 亿美元。

(2)股价波动。并购企业的股价在宣布并购后往往会产生波动。查特吉(Chatterjee)和卢巴特金(Lubatkin)等通过并购宣布日前后的股价波动来判断资本市场对企业双方文化差异的反应, 他们的实证研究表明对于企业双方存在明显文化差异的并购, 投资者往往持消极态度。

2004 年 12 月 8 日, 联想宣布并购后其股价大幅下降, 而 12 月 9 日联想股价高开低走, 虽涨幅一度达到 7.4%, 但最终收盘价仅报收于 2.575 港币, 较上一交易日下跌 3.74%, 而较宣布并购前下跌 15%, 这说明联想此次并购遭到投资者看空。其次在 2004 年 12 月 8 日至 2005 年 1 月 31 日近两月间, 联想股价跌幅达到 21.5%; 相比同期恒生指数-2.14%的跌幅, 联想明显逊色于大市。

4. 并购过程中遇到的困难

在联想的多次会议上, 中西方文化节奏不合拍。在西方, 工会是强大的政治团体, 在员工问题上发挥着巨大的作用。但是当时联想的中国代表团只认识到工会的字面意思, 没有正确理解工会是什么。所以当我们习惯了某一种文化、某一种工作方式的时候, 我们就很难迅速做出改变。当一个新事物出现时, 单靠对字面意思的理解是行不通的。

彼得·霍腾休斯(Peter Hortensius)是联想的非官方跨文化大使, 他很早就意识到要与他的中国同事培养信任、建立友好关系。霍腾休斯一开始并没有完全理解中西方文化和思维模式上的差异, 也没能看到这些差异对商业决策的影响。他总以为中国的同事理解他的观点, 同意他的观点, 但事实并非如此。中西方团队之间并不存在敌意, 彼此需要领会对方的言外之意。但召开会议时, 就算有资深的翻译在旁, 双方也经常没有理解对方深层次的意思, 而仅仅停留在对字面含义的理解上, 这意味着, 会议是以错误的理解结束的。

同时, 公司内部出现了冲突, 不仅是西方领导之间, 西方团队与中国团队之间也出现了问题: 中国团队适应不了激进的工作方式, 而西方团队适应不了模糊和不当面表达的沟通方式。

乔健, 联想集团人力资源高级副总裁, 在 2004 年参与了收购 IBM 个人电脑业务的谈判。2005 年 10 月, 乔健被派往纽约, 设计组织结构、岗位职能、薪酬福利, 推进并购后的文化整合。2006 年 6 月, 她又被派往新加坡, 负责联想集团亚太区的人力资源管理。虽然那时她的英语水平有了提高, 但还是不能进行流畅的沟通, 亚太区的管理团队经常会在开会的时候显得很不耐烦, 甚至直接跳过她的发言。她的工作也越来越少, 渐渐被边缘化。

联想收购 IBM 全球 PC 业务的并购行为, 从跨文化管理的角度看还难以看出是成功的。联想文化能否浸染"蓝色巨人"? 还是整合不成反而变成了 IBM 的 PC 事业部? 双方能否在短期内建立起顺畅的文化融合模式, 将直接影响本次并购能否成功。尽管联想曾聘请麦肯锡、高盛作为收购顾问和财务顾问对联想和 IBM 的战略和文化进行文化适应性分析, 在一定程度上避免了并购决策的盲目性, 但时至今日新联想的跨文化整合仍存在种种问题。

案例 2.2：航通公司收购美国曼斯公司[①]

位于深圳经济特区的航通公司一直致力于成为"国内领先、世界一流"的通用航空解决方案提供商，并积极从全球寻找、统筹、利用资源，探索国际并购的可能性。2011 年 8 月 30 日，经反复论证与多轮谈判，航通公司董事长王光辉在纽约陆威奇律师事务所签署了正式法律文件，向美国曼斯公司原股东支付了股权兑价款，完成了对曼斯公司 100%股权的收购。这是中国企业首次并购欧美发达国家的飞机整机制造企业，极大地促进了中国通航产业的跨越式发展。

收购股权交割后，曼斯公司联合创始人、前董事长尼克·奥尔特意驾驶自己的小飞机来到纽约，邀请航通公司董事长王光辉及其团队一同前往位于圣保罗的厂区庆祝，王光辉欣然接受。

然而，进入曼斯公司厂区，大门口电子显示屏上赫然滚动着一行醒目的蓝字——"Welcome our partners to Mance"。王光辉看到后有些激动："怎么是 partner 呢？花了这么多钱为了成为他们的合作者吗？我们是 owner！他们这是揣着明白装糊涂！"

在其后的庆祝仪式上，王光辉在向双方谈判团队表示感谢后说："并购只是第一步，曼斯的成功经营更为重要！我们正在制定一系列后续工作计划，确保平稳过渡、持续经营成功。我相信新的曼斯公司在新的起点上会有新的飞跃！"他转向已明确留任的皮特·伍茨："当然，也希望你们能真正接受我们这个新 owner 啊，哈哈哈哈……"

为了实现财务控制和运营控制、加强现场沟通，航通公司派遣副总经理梁志、运营部长郭庆、财务部长胡光到曼斯任职，常驻美国，逐步介入公司运营管理。半年后，公司解雇了原 CEO 皮特·伍茨，任命公司联合创始人韦尔奇担任 CEO，任命尼克·奥尔为 COO。

尼克是位典型的美国东北部人，性格直爽、敢想敢做，不太修边幅，有时很情绪化，视亲手创办的企业为自己的孩子，一腔热血、充满期待。

一天，尼克邀郭庆一起去见一位大客户。会谈中，尼克对郭庆用了"Chinese guy"，郭庆心里极不舒服，看了看尼克，觉得他面带轻屑的表情，立马怒了："这么叫人不仅不礼貌，甚至有些轻视。"

回来的路上，郭庆有些气愤地对尼克说："对不起，奥尔先生，我有名字，你可以叫我郭，也可以叫我英文名 Steve，但请别叫我'Chinese guy'好吗？"尼克看到郭庆情绪激动，只好不明就里地连声道："OK、OK。"

后来，尼克专门到郭庆办公室解释："对不起 Steve，那天可能冒犯了你，可我真不是有意的，其实我们称别人'Chinese guy''Japanese guy''British guy'，都是很平常的，绝没有贬低的意思。"这一道歉，郭庆心里舒服了些；但接下来的事情，又让几位"老航空"心里疙疙瘩瘩了。

2011 年年终核算时，财务部门没有按时付给罗尼发动机公司一笔货款，财务副总裁胡光觉得晚一些付也没问题。可是第二天一大早，尼克来到胡光的办公室破门而入："比尔，你你怎么同意拖欠罗尼的货款呢？这绝对不可以！"

---

① 案例来源：苏文平等（2015）。

"怎么了？目前公司有些预购款没到账，等钱到了就马上打给他们。再说了，大不了我们换供应商嘛！"胡光说。"你说什么！你这个门外汉，根本就不懂，曼斯不允许拖欠别人货款！这是我们的契约！"尼克当时就恼了。

有着近 20 年专业经验的胡光听尼克称自己为门外汉，心里气坏了！但出于对曼斯文化和契约精神的尊重，他只能说："好、好！我马上让人把货款打过去。"可是这之后，"你根本不懂"不时从尼克和韦尔奇嘴里说出来。

第3章 外派相关理论

随着经济全球化的发展，越来越多的企业寻求海外发展的机遇，这促使企业海外派遣人员增多，与外派相关的研究与理论也愈发成熟。本章从外派人员的跨文化冲突与跨文化管理着手，侧重阐述外派过程中与文化适应相关的理论。

3.1 跨文化冲突与跨文化管理

3.1.1 跨文化冲突

跨文化冲突是指不同文化、亚文化之间相互对立、相互排斥、相互矛盾、相互否定的状态。它既指跨国企业在他国经营时因与东道国的文化观念不同而产生的冲突，又包含在一个企业内部由于员工分属于不同文化背景的国家而产生的冲突。跨文化冲突的结果可能是文化的融合，也可能出现文化的取代，还可能是两种或两种以上文化脱离接触，即文化接触失败。跨文化冲突主要存在四种特征。①非线性。不同质的文化像不同的水域，多片水域的冲突常常表现出错综复杂的状态，具有非线性特征。②间接性。文化冲突一般都存在于心理、情感、思想观念等精神领域，其结果是人们在不知不觉中发生变化，但是这种变化需要较长的时间才能表现出来。③内在性。文化是以思想观念为核心的，文化的冲突往往表现在思想观念的冲突上。④交融性。文化冲突与文化交融始终相伴而行(李彦亮，2006)。

针对跨文化冲突，我们可以从文化属性方面来分析，无论是同一形态还是不同形态的文化，其组成元素即使是独立发展，也会存在交叉关系。因此，在文化元素互动中，会产生文化元素相互对立或者相互排斥的现象。而这是一种文化表现，也是一种必然结果。跨文化冲突的产生是复杂的，因为文化差异而发生的碰撞是多元文化发展背景下的必然结果，但是在文化相互碰撞和相互磨合之后，文化会趋向认同(Gagandeep，2012)。

跨文化冲突一般以多样化形式存在。不同的跨文化冲突会有不同的表现，表 3-1 为常见的跨文化冲突状态分类(王春燕，2021)。

表 3-1　常见的跨文化冲突状态分类(Dong and Liu，2010)

分类标准	类别	表现
外在表现	显性	具有很强的破坏力和影响力，影响企业的稳定经营
	隐性	潜伏期长，难以发现，危害具有长期性，存在质变可能
爆发领域	外部	持续时间长，主要由外部因素引起
	内部	由企业内部因素引起，能在短时间内进行有效管理

续表

分类标准	类别	表现
爆发根源	人际	主体为不同文化背景的员工，对企业文化有一定程度的影响
	决策	主体为不同文化背景的决策，对企业长远发展有一定程度的影响

跨文化冲突会对市场营销、企业人事管理、成本投入、企业文化、生态环境等方面产生影响。跨文化冲突的好坏取决于企业能否对其进行有效管理，这无疑是对企业的严格要求。为能更好地解决跨文化冲突，使其产生正面影响，企业应该积极响应（Pratama and Firman，2010）。

（1）正面影响。随着现今文化的多元化发展，企业应该适应时代，尊重文化的多样性。企业需要进行有效管理，培养员工多元化发展，提高员工的思维能力和创新能力，而优秀的员工有助于企业进行更长远的发展，能够为企业创造更大的价值。因此，利用跨文化冲突，在一定程度上可以提高企业的生存能力和竞争能力，让企业在市场上具有更强大的生命力。

（2）负面影响。如果企业在管理中出现问题，当某个冲突因素凸显出来，则会直接影响企业此方面工作的顺利完成，从而对企业造成损失。因此，在日常经营中要注意隐性的文化冲突，及时对其进行管理，降低企业运营的风险，避免冲突的质变对企业管理造成巨大影响。企业应重视跨文化冲突的管理，降低运营风险，提升核心竞争力和创造性活力，使自身在市场中更好地立足。

他山之石 1：中外员工在工作计划安排认识上的冲突①

王某公司对于自己的花灯产品通常是根据展出地点的空间大小、环境特色等来出具相应的设计方案和布展线路，所以在每个展览上其花灯产品几乎是不同的；但差不多规模的展览所需要的制作、搭建时间和施工方案差别不大。公司国内工程部的同事需要负责展览的搭建计划和安排，如派遣多少人在现场工作及工作多少天、团队的分工安排、施工吊装计划等。而这样的计划被提供给美国和荷兰子公司项目管理人员后，被认为做得非常粗糙，他们希望收到明确的安装计划，如每天安装哪些灯组、每一组灯的时间安排等。在内部讨论后，工程部的同事又进一步提供了更为详尽的施工计划，如"今天是计划安装这 5 组""明天是那 6 组"等。一旦计划被提供，子公司的项目管理人员就要求严格按计划进行。工程部保质保量地按计划完成了当日的工作量，但考虑到现场施工受天气因素影响较大，所以想尽可能在天气状况好的情况下加快进度，以免后期受天气影响再来赶工。

可是，矛盾出现了，子公司项目部的同事认为这没有按计划来处理，不仅是子公司项目部同事（当地员工），境外的合作伙伴也是一样的认识。他们认为计划就是应该尽量去遵守的，哪怕是有能力多完成也会造成其他协作方的不便。这就要求王某公司的员工不断细化计划条件，如天气正常时的情况、天气不好时的情况等。母公司工程部对此有较多抱怨，他们认为这就是死脑筋，只要在规定时间内完成工作任务，临时情况临时处理就行，大的

---

① 案例来源：根据某公司员工的访谈整理。

计划是需要的，但做如此详尽的计划就是费事、低效。

他山之石 2：出差住宿的冲突[①]

因为项目需要，王某公司的员工经常会有出差的需要，关于出差住宿，中美员工之间曾出现一些认知上的冲突。

对于出差住宿，公司一般会根据不同的城市类型制定相应的住宿标准，从经济合理性上看，原则上，同性同事会共用一个标准间(双床)，这对于中国员工一般不会有什么问题。但有一次，王某公司一个从国内外派的人员和一个在美国当地招聘的员工被分在了同一个房间，这位美籍员工立刻提出自己需要一个独立的房间，中国员工觉得很憋屈，他告诉这位美籍同事："我们谁都想自己拥有一个独立的房间，这是出差，临时挤一下可以帮公司省些不必要的费用，为什么不站在公司的立场上想想，这是工作中可以克服的问题。"而这位美籍同事则认为房间不能共享，自己需要一个独立的空间，正是因为在工作中，独立空间于他而言是恢复精力、保持良好工作状态的必要条件。当然，王某的公司尊重不同的文化习惯，于是为该员工单独提供了一个房间。但这名中国籍员工依旧认为，尊重归尊重，美国同事就是没以大局为重，只顾自己是否舒适。

这次住宿事件发生之后，在王某公司的招聘中，能够观察到一个很有趣的情况：当把薪资待遇等都谈妥以后，不止一个当地应聘者会主动提出，如果出差，希望一个人单独住一个房间。他们说这是习惯，这样才能更好地休息。

3.1.2 跨文化管理

针对跨文化冲突，需要进行跨文化冲突管理，其主要指管理跨国企业在他国经营时因与东道国文化观念不同而产生的冲突，其又包含了在一个企业内部由于员工分属不同文化背景的国家而产生的冲突(薛春水，2017)。因此，跨文化管理是在日常的跨国活动或跨国合作中，为了文化和经济的联系更加紧密而进行的一种文化管理。早在 20 世纪，日本企业就开始重视文化管理，在众多因素影响下，日本形成了拥有自己风格的管理模式，而这样的管理模式在日常的跨国经营活动中有明显成效。日本的成功吸引了美国管理学者进行借鉴，其对于当时的文化管理研究有重要贡献。

跨文化管理需要一定的管理方向，也需要对管理进行准确的战略性安排。表 3-2 为跨文化管理内容。

综上所述，跨文化管理理论所针对的对象包含两大部分：一部分是企业外部的跨文化管理，针对的是来自不同文化背景的供应商、顾客、竞争对手和相关利益者等群体；另一部分是不同文化背景雇员的内部冲突管理(唐乐，2017)。

---

① 来源：根据某公司员工的访谈整理。

表 3-2　跨文化管理内容

项目	具体内容
背景	随着时代发展，经济与文化紧密联系，跨国经营活动成为时代主流，形成经济与文化相互促进的局面
主体	企业
对象	企业、员工、客户、政府、消费者等
目的	调节具有不同文化背景的人在交流过程中所出现的文化冲突，保证资源的合理利用，完善相关机制，促进跨国经营发展
内容	跨文化激励机制、沟通技巧、领导风格等
模式	文化移植、融合等模式，本土化模式，第三方文化模式
必要性	全球市场需求，需要企业顺应全球性竞争环境，拥有健全的管理模式

针对跨文化管理的分析模型，众多学者在国际组织行为学领域进行了大量研究，分析了不同国家文化所存在的共同基本变量或者因素，并以此为基础对不同的国家文化进行了比较和分析，提出了价值取向模型、国家文化维度（national cultural dimension）理论模型、文化语境（cultural context）分析模型等。

价值取向比较模型是 1961 年由弗洛伦丝·克拉克洪（Florence Kluckhohn）和弗雷德·斯多特贝克（Fred Strodtbeck）提出的。他们指出复杂且确定的一系列模式化原则是引导人们行为和思想的准绳，并且这种引导是持续连贯的，因此通过价值观的不同来比较不同文化群体成员的文化是个不错的思路。价值取向比较模型包含六个价值取向，即人性取向（善、恶或者同时兼有）、人与自然取向（主宰、服从或和谐）、时间概念取向（过去、现在或未来）、行为方式取向（存在、成就或行动）、人际关系取向（个体、附属或等级）和空间概念取向（私人、公共或混合），可以此为基础分析价值观对组织管理的影响。

国家文化维度理论模型是跨文化管理理论中较为有影响力的一种模型。该模型以国家为单位考察文化差异，霍夫斯泰德概括了与工作相关的基本文化价值观的六个方面，即权力距离、个人主义/集体主义、不确定性规避、男性化/女性化、长期导向/短期导向（long-term orientation/short-term orientation）、自我放纵与约束（indulgence lrestraint）（参见 3.2 节）。

文化语境分析模型是由爱德华·霍尔提出的，其按照高语境文化（high-context culture）和低语境文化（low-context culture）的分析框架，聚焦信息交互的准确性和清晰性（参见 3.6 节）。

本书从两个角度来阐述跨文化冲突管理理论：一是跨文化冲突管理的战略方法，二是跨文化冲突管理的解决方案。

1. 跨文化冲突管理的战略方法

瑞士管理学者苏珊·施奈德和法国跨文化管理学者简·路易斯·巴尔索克斯研究了文化差异和传统的跨文化冲突管理战略方法。这种战略方法主要建立在三个假设的基础上（表 3-3）（王君华，2007；孙卫芳，2007）：①忽视文化差异（即不相关的），执行统一的管理文化。②最小化文化差异（即会产生问题或者构成威胁），通过文化均匀化和孤立文化差异来减少跨文化冲突产生的可能性。③利用文化差异（即相互学习并进行革新，产生竞争优势)是优化的管理方法。企业应充分考虑文化多样性，强调不同文化之间的相互学习，整合各个文化的优点，进而使整个公司提高市场竞争能力。

表 3-3　跨文化冲突管理战略方法的三个假设

三个假设	公司总部与子公司的关系	可能带来的好处	行为标准	沟通交流方法	面临的主要挑战	主要缺点
不相关的	总部以自我文化为中心	标准化、全球合作	高效率	从上而下	得到各方面的认可	管理缺乏灵活性，容易失去机会
会产生问题或者构成威胁	多中心或者地区文化中心	地区差异化、地区应变能力提高	适应性	从上而下、从下而上汇报	各方面达成一致	错失潜在的合作，给员工工作带来重复性
相互学习并进行革新，产生竞争优势	全球中心倾向	革新和互相学习的便利	地区间合作	各种可能的沟通途径	差异均衡	无秩序，部门之间存在摩擦

2. 跨文化冲突管理的解决方案

南希·阿德勒通过研究总结了跨文化冲突的三个解决方案(Buller et al.，2000；范徽，2004)。

(1)凌越。其指一种文化凌驾于别的文化之上，忽略其他文化的存在。此种解决方案的优点是企业在较短的时间内能够建立统一的文化，不足之处是没有吸收其他文化的优点(刘云枫和何华成，2009)。其他文化背景的人们由于受到排挤容易产生不满情绪，这可能会恶化原有的冲突。

(2)妥协。其指两种或者多种文化相互折中。参与方能够相互退让，搁置文化差异，力求求同存异(Adler，1986)。但当各方的文化有明显差别时，一般情况下不选择这种方案。

(3)协同。其指在组织的内部对待有差异的文化能够求同存异，形成新的文化。不同的文化相互承认、相互尊重彼此之间的差异。这样的组织文化、企业结构具有稳定性，人员不会出现较大幅度的流动。

3.2　霍夫斯泰德的文化维度理论

文化维度理论是荷兰文化人类学家吉尔特·霍夫斯泰德在经过大量调查研究后所提出的用来衡量不同国家之间文化差异的一个理论框架(Hofstede，1984)。1967~1973 年，霍夫斯泰德及其团队在著名的跨国企业——IBM 公司进行了一项大规模的文化价值观调查，他们针对 IBM 公司的各国员工先后进行了两轮问卷调查，用 20 多种语言在 72 个国家发放了 116000 多份调查问卷并回收了问卷，调查和分析的重点是各国员工在价值观上表现出来的国家差异。通过此项调查，文化维度理论得以诞生。

霍夫斯泰德将文化定义为在同一个环境中人们所具有的"共同的心理程序"，这可以将一群人与其他人区分开来。他认为这种文化差异可分为四个维度：集体主义与个人主义、权力距离、不确定性规避、男性化的价值观与女性化的价值观。在此基础上，后期霍夫斯泰德和其他学者通过大量研究补充了两个维度，即长期导向与短期导向、自身放纵与约束（Hofstede and Bond，1988；Hofstede et al.，2010）。

(1) 集体主义与个人主义。在集体主义文化里，强调集体利益的重要性。人们的沟通比较含蓄，信息传递不是很明确。集体主义文化的企业强调团队合作完成任务，责任由集体承担，在进行激励时也考虑的是集体的荣誉。而在个人主义文化里，人们更关心自己，以个人成就为骄傲，勇于承担自己的责任。他们倾向于直接的沟通方式，习惯于因果直线式的思维方式。个人主义文化的企业强调个人的努力，愿意奖励对企业有贡献的员工，传递给企业员工的信息就是只要努力就有成功的希望。

(2) 权力距离。权力距离的大小是指一个社会对于权力不平衡分配接受程度的高低。权力距离大的文化，上级经常对下级下达命令，要求下级绝对服从。人们的观点更多的是被压制，缺乏表达沟通的机会。权力距离小的文化，沟通多是自下而上且是民主的，可以自由发表自己的观点。人们敢于挑战权威，敢于在思维上创新，人与人之间的关系更平等。

(3) 不确定性规避。其指对模糊情景和不确定性事件的容忍程度。具有高不确定性规避文化的国家，法律条文相对比较多。具有低不确定性规避文化的国家，法律条文具体条款也不是很细化；在企业里面，对操作要求没有特别明确的规定，规章制度比较模糊。

(4) 男性化的价值观与女性化的价值观。男性化的价值观倾向于追求成就和事业。女性化的价值观倾向于追求生活质量，注重工作氛围，下级有自由度，不承担太大的工作压力。

(5) 长期导向与短期导向。具有长期导向文化的人注重未来，和别人沟通更多地从谈话主题的相关信息开始，了解信息后再切入主题，不注重近期利益的诉求，看重合作的关系，认为如果大家关系融洽，什么问题都可以解决和商量。具有短期导向文化的人注重现在，和别人沟通喜欢直接从主题开始，他们强调短期收益；企业里面对员工的考核周期比较短，要求员工在工作上较快有工作成果。

(6) 自身放纵与约束。该维度指的是某一社会对人的基本需求与享受生活和享乐欲望的允许程度。自身放纵的数值越大，说明该社会整体上对自身的约束力不大，而社会对放纵的允许度越大，人们越不约束自身。

表 3-4 展示了部分国家在这六个维度上的数据。其中，PDI 表示权力距离的大小；IDV 表示个人主义的倾向程度；MAS 表示男性化倾向的程度；UAI 表示不确定性规避的程度；LTO 表示长期导向的倾向程度；IVR 表示自身放纵的程度。

表 3-4　部分国家文化维度数据

国家	PDI	IDV	MAS	UAI	LTO	IVR
澳大利亚	38	90	61	51	21	71
加拿大	39	80	52	48	36	68
中国	80	20	66	30	87	24
法国	68	71	43	86	63	48
德国	35	67	66	65	83	40
印度	77	48	56	40	51	26

国家	PDI	IDV	MAS	UAI	LTO	IVR
意大利	50	76	70	75	61	30
日本	54	46	95	92	88	42
墨西哥	81	30	69	82	24	97
挪威	31	69	8	50	35	55
俄罗斯	93	39	36	95	81	20
新加坡	74	20	48	8	72	46
西班牙	57	51	42	86	48	44
泰国	64	20	34	64	32	45
美国	40	91	62	46	26	68

数据来源：https://geerthofstede.com。

3.3 蔡安迪斯的个体主义-集体主义理论

蔡安迪斯完全不同意霍夫斯泰德的观点。他认为个体主义-集体主义不是一个维度的概念，也不是两个维度的概念，而是一个综合体，包括许多方面。在后来的论著中，他提出了水平-垂直个体主义和水平-垂直集体主义的概念。

水平个体主义指该文化中的个体追求个人利益的最大化，但他们并不在乎自己是否比别人得到的更多，并不追求自己好过别人；而垂直个体主义者不仅追求个人利益最大化，而且要求自己好过他人。

水平集体主义指该文化中的个体追求内群体利益的最大化，但并不关心自己的群体是否好过其他群体；而垂直集体主义者既关心内群体利益的最大化，还追求自己的群体好过其他群体。

由于蔡安迪斯提出的水平-垂直个体主义和水平-垂直集体主义比较新颖，国外相关的跟进研究在 2000 年后迅速扩散开来，实证研究颇为丰富。但在国内，以水平-垂直个体主义和水平-垂直集体主义为基础的相关研究还非常少(杨军等，2009)。

3.4 强皮纳斯的文化架构理论

在对 50 个国家超过 15000 名员工进行调研后，荷兰跨文化管理学者强皮纳斯提出了文化架构理论。强皮纳斯使用了七个维度来诠释其理论，每一个维度即表示一个方面的社会价值观，并且在这一价值观中存在两个极端对立面，但是一个国家的文化极少会出现这样的极端情况，一般会处于一种中间状态，并向某一极端状态倾斜。

(1)普遍主义与特殊主义维度。从管理学的角度来说，普遍主义认为一种好的企业管理模式是适用于全世界的；而特殊主义则更为重视在特定情况下采取特殊企业管理方式，很少会考虑总体的社会规范。

（2）个体主义与集体主义维度。该维度与霍夫斯泰德五大维度理论中的个体主义与集体主义相一致。

（3）情绪内敛与情绪外露维度。情绪内敛的文化强调藏而不露、谨言慎行；而情绪外露的文化则偏向于爱憎分明、喜怒形于色、袒露情感。

（4）关系特定与关系弥散维度。该维度可以很好地区分不同文化中个体在人际交往方式上的差别。而对于企业文化来说，关系特定的文化表现为工作事务与其他的事务存在明显分界线，不可混淆；关系弥散的文化则表现为工作与生活等方面相互融合，在商业谈判中表现为在会谈前半部分往往谈及工作之外的话题，而在会谈最后才正式进入主要议题（陈国海等，2017）。

（5）注重个人成就与注重社会等级维度。对于注重个人成就的文化，个体的社会地位以及对该个体的评价是由其最近所取得的业绩决定的。而对于注重社会等级的文化，个体的社会地位与对该个体的评价由该个体的血缘关系、年龄、性别、教育背景、社会关系等因素决定。

（6）次序时间观与同序时间观维度。这一维度表现在各个社会看待时间的不同方式上。对于时间次序与同序的问题，有些企业偏传统，属于过去主导型，对于时间并没有一个清晰的指向，约定的往往是一个模糊的时间，因此在时间上更加灵活。

（7）顺从自然与改造自然维度。该维度旨在说明社会文化中对环境的态度。顺从自然的文化认为自然环境是无法被战胜的，人们只能顺从自然而无法改造它；改造自然的文化则认为影响人生活的主要因素来源于人自身，因此其价值观与行为动机从自身产生（王博君和妮莎，2016）。

3.5　工作嵌入理论

3.5.1　工作嵌入的概念

Mitchell 等（2001）提出工作嵌入的概念：工作嵌入是一张使人"陷入"其中的网络，这张网络代表着员工对与工作相关的内外部因素的依附力度。工作嵌入就是阻止个体离开工作的各种力量组合。

影响工作嵌入的力量包括与他人或活动联系的程度、与工作和社区相似或匹配的程度以及离开公司须做出的牺牲等方面。"联系""匹配""牺牲"三个因素与"组织"和"社区"组合构成工作嵌入的六个指标。

"联系"是指与个人或组织的联系，包括同事、朋友、团队、社区以及生活环境。联系程度越高，就越有可能受到约束。为了便于操作，Mitchell 等（2001）把联系限于"能辨识"的联系，其主要从两方面对员工保留产生影响：一是联系的数量增加了员工离开公司的压力，改变工作会引起员工关系网络的变化；二是与离职者关系亲密的人会影响其离职想法，而这种影响往往是最直接的。

"匹配"是指员工对组织与他所处环境相容性和舒适性的感知程度，关注的是员工个人价值、职业目标、对未来的计划、社区环境等与组织文化和当前工作的融合程度。匹配度越高，员工与组织的联系越紧密。匹配除了关注组织因素，也关注社区和周边环境因素，如所处城市的气候、舒适性、娱乐场所等。

"牺牲"是指员工离开组织时失去的物质和精神利益，如离开组织后，要放弃培训机会、津贴、股票期权、未来发展机会等。员工离开组织时放弃的东西越多，其离职成本就会越高，就越不容易离职。另外，员工离职后，可能还要放弃有吸引力或安全的社区居住环境。当然，如果新的工作单位与原居住社区不远，生活半径没有发生大的变化，这种影响就会小一些。总的来说，工作嵌入理论的主要特点是考虑了工作之外以及非态度性的因素。员工选择离开公司，必须割断很多联系以及因为在这里工作而产生的一些隐性和显性方面的财富，如家庭、社区、人脉、地理位置等。另外，工作嵌入是基于员工保留提出的构念。

3.5.2　工作嵌入的结构

Mitchell 等(2001)将工作嵌入定义为一个多维构念，描述了个体与组织和社区的不同依附关系。在组织和社区因素方面，个体有三种类型的依附关系：联系、匹配和牺牲。因此，工作嵌入分为六个维度，即组织联系、组织匹配、组织牺牲、社区联系、社区匹配和社区牺牲，如图 3-1 所示。

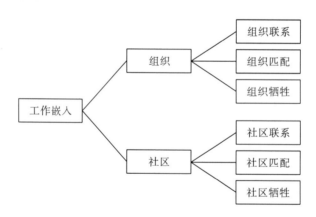

图 3-1　工作嵌入的结构

此后，为了更好地操作及测量，Lee 等(2004)进一步以工作为分界线，将工作嵌入分为两个中观层面的子要素：职内嵌入(on-the-job embeddedness)和职外嵌入(off-the-job embeddedness)。Ramesh 和 Gelfand(2010)将家庭嵌入从社区因素中分离出来，并在研究中发现，家庭嵌入对员工主动离职的解释力超过传统变量以及组织嵌入和社区嵌入，并且家庭嵌入对离职的影响不受文化因素的干扰。因此，有可能家庭嵌入是影响员工离职行为更"普适"的因素。

3.5.3　工作嵌入的影响因素

对于工作嵌入的影响因素，已有的研究探索了个人特质、领导方式、组织社会化策略以及组织人力资源管理策略的影响。

在个人特质方面，尽责性高的员工有强烈的内在动机去达到组织的要求，因此会主动寻求与组织的联结，调整自己以匹配组织，而更多的投入也使得其离职成本加大，从而产生更深的组织嵌入。

在领导方式方面，已有的研究着重分析领导-成员交换（leader-member exchange，LMX）对工作嵌入的影响。有学者深入研究了 LMX 不同构面对工作嵌入的影响，结果发现，领导对下属专业能力以及贡献的尊重对于男性员工、女性员工的工作嵌入均有积极影响，而具有互动特性的情感、忠诚仅对女性员工的工作嵌入有积极影响。

组织社会化指的是新员工学习组织规范、适应组织的过程。在这个过程中，组织采取一定的干预策略，可以增加联结、提高匹配程度以及员工离职的成本。有研究表明，新员工的工作嵌入是组织社会化策略的结果。就具体策略而言，组织采取集体的、正式的且连续的社会化策略，并辅以社会支持能够显著提高新员工的工作嵌入。

不同的组织采取不同的人力资源管理策略，这些策略对员工的感知及与组织的关系有非常直接的影响。有研究表明，基于承诺的人力资源管理策略能够提高新员工的工作嵌入，进而降低其离职倾向。人力资源管理的具体措施也能够影响工作嵌入，例如，绩效考核、组织激励能够提高员工和组织的匹配程度，相关的培训和员工发展计划能够提高员工工作嵌入，降低离职率。

工作嵌入理论可应用于外派跨文化管理中，如外派人员在当地的适应、外派人员回国后的人员保留。

3.6　情境文化理论

美国文化人类学家爱德华·霍尔从交际（communication）与感知的角度，依据不同文化背景下人们在语言沟通过程中传递信息的直接性与清晰性，提出了高低情境文化理论。霍尔认为不同的文化具有不同的语境特点，他尝试通过文化的高情境和低情境理论解释不同文化背景下人们在商务沟通中的差异和特点。

依据霍尔的论断，在低语境中信息主要通过语言传递，语言的内容在沟通过程中占有中心位置，而在高语境中信息更多地通过非语言及语境衍生而来，人们在沟通表达时往往含蓄、委婉。

高语境指一种人们在保持长期密切关系的社会或者群体中进行沟通的情形，其特征是人们长期交往，熟悉彼此的做事风格和语言习惯，因而文化行为表现不明显。它强调和谐的管理模式更多地是依赖于外部环境、语境和非语言的行为，沟通的语境比沟通的内容更为重要，这体现在管理角度上就是注重人际关系。相反，低语境情形是进行相对表面和短期的沟通，要求信息明确直接、注重事实、忽略情感，不太重视个体之间的关系，在管理上它更强调制度和理性，并依靠制度规范和管理企业。

关于高语境和低语境的沟通特点见表 3-5。

表 3-5　高语境和低语境的沟通特点

沟通特点	高语境	低语境
一般方式	间接，复杂	直接，详尽
文字依赖程度	低	高
对非语言行为的依赖程度	高	低
精确度	相对不精确	较精确
对沉默的看法	积极地沟通	消极地沟通
对细节的关注程度	低	高
对意图的重视程度	高	低

高情境文化的特征：①人们在人际交往与沟通活动中，更侧重于"情境"交流，而非"内容"的传递。因而，在这种文化背景下，仅有小部分信息被清晰传递，绝大多数信息都依靠"意会"。②个体之间更重视建立社会信任关系，且这种关系的维系是长久的。同时，个体对社会关系、友谊等都有较高的评价。在相互交往中，人们无形之中便会区分"圈内人"与"圈外人"，且这种界限十分明显。③个体之间的沟通较为含蓄，且由于个体在早年便逐渐掌握了如何准确理解含蓄的信息，因而能够体会其内在的含义。同时，个体长期的习惯造成其对含蓄信息会十分敏感。④个体之间彼此信任，从而履行相应的协议。协议多以口头形式为主，而非书面形式。并且通常具有权力的管理层，对其下属的行为负有一定的责任。⑤在具体的商务谈判过程中，谈判双方都更注重形式，而对实践不太看重。中国便是典型的高情境文化国家，"不可言传，只可意会"便是这种文化特点的真实写照。而低情境文化则与之相反，在此不再一一赘述（杨晴，2014）。

图 3-2 列举了不同国家（地区）高低情境文化排序情况（许婷，2016）。

图 3-2　高低情境文化的国家（地区）

3.7　文化智力与跨文化胜任力

3.7.1　文化智力

Earley 和 Ang（2003）首次在智力理论的基础上，提出了文化智力（cultural intelligence）概念。实际上，它属于智力的一种，与个体在跨文化环境下有紧密的关联。2004 年，第六十四届美国管理学会年会首次对文化智力进行了研讨，这是一个新领域的开始。

西方学者们开始纷纷对文化智力进行研究，并对其下定义。Earley 和 Ang（2003）就把它定义为在新的文化背景下，能够对信息进行收集和处理，并且可以做出判断，进而可以针对具体的情况采取合适的措施来适应这种新文化的能力。它主要有四个维度，分别是元认知文化智力、认知性文化智力、动机性文化智力和行为性文化智力。

Earley 和 Mosakowski（2004a）完善了文化智力的定义，将其准确地定义为管理者在面对不同文化情景时，能够从容适应的能力。高文化智力的人的特别之处就在于，其在面对新文化中的新情况时，能够自如地应对情况，敏锐地感受到不同文化的差异，快速地化解这些差异带来的冲突。Earley 和 Mosakowski（2004a）除提出四个智力维度外，还提出文化智力是可以被培训的。

Thomas（2006）对文化智力的定义与前述相同，他同时强调了三大研究维度：第一是知识维度，即能够对文化进行识别，并且掌握跨文化交流的原则；第二是警觉维度，即能够持续关注个体所处的内外环境；第三是行为维度，即基于以上两个维度，个体为了适应特殊的文化情景而做出合适的行为。

我们通过他们的研究可以得知，其实 Thomas（2006）和 Tan（2004）分别提到的警觉性和文化的战略性思考，从本质上讲都属于元认知或认知的一个面。Earley 和 Ang（2003）则提出了相对完整的四种维度结构。

元认知文化智力，实则是个体在面对异文化背景交流时，自身具备的意识和直觉，它是一个初级阶段的能力。高元认知文化智力者，能够产生战略性的思考，他们更侧重交往时的规则探寻和相互作用，本能使模糊的概念或者情况捕捉和情绪变得条理化的过程。

认知性文化智力，是指当个体在面对异文化环境时，对不同规范、习俗和实践等的熟悉程度，其包括反应阶段，即由最开始的判断和决策，到中期的归纳推理，最后到逐步产生社会直觉和认知弹性等。认识性文化智力具体包括陈述性的知识、条件性的知识和程序性的知识等。

动机性文化智力，则是指向目的性想法的能力，是个体在面对异文化时，为了适应异文化所产生的一种动力和兴趣，并且个体为了获得有效激励，会采取行为去适应，如自主地对一些文化规则尽心维护、自己设定目标等。高动机性文化智力者，会非常自主地把焦点放在跨文化情境中，对不同文化有很高昂的研究热情，而且可以充满信心且有效率地适应异文化带来的差异。

行为性文化智力，是表象性的，它是基于认知性和动机性文化智力的结果，隐含因果关系。高行为性文化智力者在各种文化情境中，都可以自如地表现出合适的行为，如得体的动作、语言、语调和表情等。

关于文化智力，有一个重要的分类型理论是由 Earley 和 Mosakowski（2004a，2004b）提出来的，他们提出著名的"六种典型的文化智力类型"，分别是：变色龙、模仿者、大使、直觉者、分析家和外乡人。它们的文化智力水平是逐步递减的，每个类型都十分形象，具有最高文化智力的是变色龙，其能够根据不同情况做出最合适的反应。文化智力相关领域的研究主要探讨文化智力与五大人格、一般智力、情绪智力、跨文化适应性、文化胜任力等构念的关系（赵洋，2018）。高中华和李超平（2009）以文化智力的结构为切入点，分析研究了 2003～2007 年研究者们对文化智力的结构划分，通过整理分析得到表 3-6。

表 3-6　文化智力结构划分汇总表

作者	结构划分
Earley 和 Ang(2003)	包涵三个维度：认知性、动机性、行为性
Earley 和 Mosakowski(2004a)	涵盖三个要素：头脑、心、身体
Ting-Toomey(1999)	以跨文化沟通为根本，包含：知识、警觉、行为
Tan(2004)	三个组成部分：以特殊方式考虑并解决问题、持久的活力、行动
Ang 等(2007)	四个维度：元认知文化智力、认知性文化智力、动机性文化智力、行为性文化智力

Ng 和 Earley(2006)认为测量文化智力有两种方法：心理测量方法和非心理测量方法。心理测量方法一般采用问卷的形式实现。非心理测量方法包括评价中心(assessment center)以及临床评估(clinical assessment)。大量实证研究表明，非心理测量方法过于复杂。目前，学者们在测量文化智力时，基本上以问卷为主。附录为文化智力测试量表，读者可进行测量查看。

3.7.2　跨文化胜任力

1. 跨文化胜任力的定义

跨文化，从字面意思理解，就是不同文化的差异。跨文化胜任力(intercultural competency)，即在面对文化差异的情况下，拥有高效率和优异工作效能的能力。跨文化胜任力也是跨文化能力，它是能力的体现。

关于跨文化胜任力的定义，不同的学者提出了各自的具体理解。

Johnson 等(2006)把跨文化胜任力理解为一种能力，这种能力是指个人在本国或者外国可以和与自己国家文化差异巨大的人一起工作，在这个过程中个人运用了一整套特质、技能和知识。他们基于前人的种种研究和分析，对跨文化胜任力的形成、影响因素等做了系统性研究。他们针对跨文化胜任力提出了非常丰富的变量来归纳其前因后果，其中包括个人、组织和家庭因素。从个人层面看，分成五个方面，分别是个性、知识、技能、经验和学习，其中经验主要指外派经验，这也是不断将知识、技能和学习机会融合到一起的实践。学习，也是非常重要的环节，工作之前和工作之后的学习过程，都是发现对跨文化胜任力产生重要影响的因素的过程。从组织层面看，人力资源管理体制和所在组织的文化是影响跨文化胜任力的主要因素。

Leiba-O'Sullivan(1999)把跨文化胜任力形容成一种既动态又稳定的能力，这种能力包含技能、知识等其他属性，强调个人特质要在具体时间内稳定地表现出来，然后不断提升，如知识不断积累、技能逐渐增强等。

Shaffer 和 Harrison(1998)认为跨文化胜任力的影响因素有三大类，分别是人际/任务导向、知识、个性特质。其中人际导向的个人会在跨文化交际能力上有极强的表现力，而任务导向的重点在于对专业知识积累的突出。他们把知识层面的研究重点放在非专业知识上，因为他们认为文化知识等都是能够在学习甚至培训的过程中获取到的。对于个性特质，他们分为五大类型，目的在于对个体间的稳定差异进行测量。

我国关于跨文化胜任力的研究相对较迟，然而，我国学者在不断借鉴西方研究者的各种研究结论后，仍然获得了不小的成果。高嘉勇和吴丹(2007)发现中国的跨国公司对跨文化胜任力的重视不足，造成这个情况的原因可能是目前中国跨国公司的国际化尚处在不成熟的阶段。因此，他们侧重研究了跨文化胜任力的指标体系。依据中国的实际情况，他们将指标体系分为三个部分：第一是跨文化人际交往能力；第二是跨文化认知能力；第三是跨文化心理管理能力。而邓文君等(2006)着重在中国文化环境的影响下，分析开展跨文化胜任力研究的意义。

2. 跨文化胜任力的相关研究和理论

1)跨文化交际能力

"交际"源自拉丁语"commonis"，意思是共同分享。通过交际，我们能够获取更多大家能共同分享的东西(付岳梅等，2011)。Lusting 和 Koester(1996)把交际定义为一个通过符号去完成和创造共享意义的过程。共享，对于交际来说非常重要。Samovar(2004)把交际定义成人与人之间的行为或者行为遗迹的反应和过程。

语言是沟通交流的工具之一，而文化差异是交际的主要障碍。随着全球信息化时代的来临，跨文化交际使人们耳目一新，但其对个体对文化差异的耐受性也有着极高的要求。因此，跨文化交际研究诞生，在该领域中有许多相邻学科的成果被吸取，这促进了企业的跨文化管理。在跨文化交际理论中，很多研究者都提出了自己的理论，下面进行简单阐述(王春燕，2021)。

(1)信息内涵的同位调整理论(coordinated management of meaning，CMM)与建构理论。

在人类社会中交流存在多种形式，如个体与个体、个体与群体的交流等，而在交际过程中，除了语言以外，还存在行动和创造等要素。因此，在社会发展过程中需要将目光聚焦于交流的能力，对该能力进行不断的优化，而在信息方面必须做到同位调整。为达到上述目的，必须使语言等方面能够获得连贯(如采用情节定位等)，让参与者可以将自己的想法充分地表达出来。另外，参与交流的各方要对彼此的文化背景和理念进行充分的了解，并对自己的言行进行调整，使各方之间的表达可以获得一致。通俗来说，在交流中，各方必须要对语言信息进行同位调整，这种调整是主动的，调整的前提是要符合自己的意图，且对对方表达的意思能够得到更精确的理解以及接受(王善美，2020)。

(2)谈话制约理论与面子协商理论。

谈话制约理论最早由韩国学者 Min-Sun Kim 在 1994 年提出，其认为个体在谈话中会受到明确性、交际有效性、避免伤害他人等情感类型的制约，而在实际进行跨文化交际的过程中，通过对制约因素进行有意的安排和设计，不仅可以推动谈话的正常进行，而且会使对话的双方感到心情愉悦。此理论在一定程度上可为企业跨文化沟通工作提供理论参考(陈思颖，2020)。

面子协商理论是指，文化背景的不同导致对概念的定义有很大区别，例如，在个人主义和集体主义中同一事物的含义有很大差别。因此，为了应对上述状况，个体在交流前期会对自我面子进行匹配，这种匹配依赖于个体自己的身份，除此以外，个体也会将自身展示于众人，以完成跨文化交际（杨东兴，2020）。

跨文化交际能力与交际能力的区别在于前者强调个体在交际时处于不同的文化环境中。从 Sercu（2004）对文化教学的三个步骤的阐述也可以看出跨文化交际能力对跨文化胜任力影响的转变，即熟悉异国文化—培养文化意识—提高跨文化交际能力。因此，跨文化交际能力是跨文化胜任力的重要影响因素（曲秀艳，2009），也是文化教学过程中最后的重要步骤。从海外学习经验看，跨文化交际能力对文化教育具有巨大影响，所以海外学习者的跨文化交际能力尤为重要。在跨文化中，"有效"和"得体"也用于更好地进行跨文化交流。

文化和交流都依存于某种符号系统。交际是我们生活中必有的方式，但是交际会受到文化甚至跨文化的影响，当文化具有差异性时，它就会成为我们交际中的障碍。如果交际双方是在一套完全一样的文化系统中，那么他们的交际或者交流就属于同文化交流，反之，就是跨文化交流。在实际情况中，交际不会完全相离或者完全重合，人与人的交际都属于跨文化交际的类别。实际中，文化的差异可能不是国家或民族上的差异，因此不同的经历和背景、爱好等都会促使人们在不同圈子进行跨文化交际。一般来讲，普遍意义上的跨文化交际都是异国文化者们的交流，很多研究者都把这种交流限定在人们面对面的交流上。

根据 Hanvey（1979）的观点，跨文化交际中参与者对文化因素的敏感性认知即跨文化意识，一般分为四个层次：一是对那些被认作怪异的表面文化现象的认知；二是对那些与母语文化相反且被认为是不可思议的显著的文化特征的认知；三是通过理性分析，从而取得的对文化特征的认知；四是从异文化持有者的角度感知异文化。第四个层次是跨文化意识的最高境界，要求参与者具备"移情"和"文化融入"的能力。

文化意识的高低决定了交际者能否摆脱自身文化积淀后所形成的思维定式的影响，从而自觉地避免由文化差异（如文化取向、价值观念、宗教信仰、伦理规范、思维方式等）引起的文化冲突，保证跨文化交际的顺利进行。跨文化意识的有无或强弱直接影响交际的质量，同时也是衡量交际者能否成功实现跨文化交际目的的重要准绳之一。

Ruben（1976）针对跨文化交际胜任力，提出了对其进行判定的七个维度，分别是互相作用的姿势、相互作用管理、表达尊重、角色行为、同情心、知识层次和对模糊性的忍受度。之后，Ruben 和 Kealey（1979）又把个人导向角色分成三个维度，分别是个人主义角色、关系型角色和任务型角色，并且这三个维度的角色在跨文化环境下都有很好的预测功能。Koester 和 Olebe（1988）在 Ruben 和 Kealey（1979）的研究基础上，提出了关于跨文化交际行为的评估指标，这些评估指标包括关系角色行为、同情心、沟通体态、任务角色行为、相互交流行为和管理、对别人的尊重、对情感和知识的定位及对不确定的忍耐。这些指标，都意在强调个人和异文化者交流的恰当程度。这几个评估指标的定义见表 3-7。

表 3-7 评估指标定义表

评估指标	定义
关系角色行为	对团队关系的建立或者维持
同情心	换位思考的能力
沟通体态	用非判断的方法回应的能力

续表

评估指标	定义
任务角色行为	投身在团队问题解决的活动中
相互交流行为和管理	在管理互动中满足团队成员需求的技能
对别人的尊重	对他人表达尊重的能力
对情感和知识的定位	如何解释这个世界
对不确定的忍耐	对新的与模糊的情景做出反应的能力

Wiseman 等(1989)提到,有效的跨文化交际是由三个基本要素构成的:一是能够处理个体自身心理焦虑的能力;二是能够有效进行交流的能力;三是能够将人际互动建立起来的能力。

他山之石:语言拉近距离[①]

华为的外派员工一般都以英语为工作语言。但是拉美国家的英语教育都是从大学才开始,因此生活中英语的用途有限,尤其是普通民众根本就不会英语,这使得华为外派员工融入当地生活比较困难。因此,华为员工的生活主要就是看书、自学当地语言或者上网、玩游戏。华为员工只会说英语,与当地客户就只能保持工作上的关系,想要进一步发展私人关系,会讲当地人使用的葡萄牙语或者西班牙语才是关键。例如,唐某在智利做项目的时候,就自学了西班牙语,其客户的工程主管是一位智利籍女士,她特别喜欢一位拉丁歌手的歌,恰好唐某也喜欢收集拉丁歌曲,也购买过一些该歌手的碟片,当唐某了解到这位智利籍女士喜欢拉丁音乐和该歌手后,便主动把该歌手以前的专辑借给这位智利籍女士听。这样和客户的距离就被拉近了,工作上的合作也就顺畅多了。

在委内瑞拉的圣诞节活动上,当地员工似乎都有艺术天赋,吹拉弹唱样样拿手,拉美流行的萨尔萨舞(Salsa)跳起来也得心应手。反观中方外派人员,由于语言不通及文化差异,在活动上没有互动效果。所以要以语言为基础,积极学习本地的文化,而舞蹈、音乐是常驻人员的"调味剂"。这一点在 90 后员工身上有一定改观,因此外派人员有自己的兴趣爱好才能更好地扎根海外。

2)跨文化敏感性

跨文化的研究越来越多,在跨文化胜任力中,除了一些专业技能和知识外,还有众多的文化变量,而跨文化敏感性被 Hammer、Bennett 和 Wiseman 等当作跨文化胜任力的核心变量。跨文化敏感性(何燕,2007)是来自对"intercultural sensitivity"的翻译,它是指能够辨别并且体验文化差异的能力。Cui 和 Van Den Berg 把它视为在多文化的工作团队内,衡量是否能够获取成果的最好指标,同时也是衡量是否能够完成海外任务的重要标准之一。Bhawuk 和 Brislin 提出,如果跨文化敏感性不足,那么就有可能导致工作效率降低,并且满意度也会不断下降,甚至可能造成文化适应上的问题(邓文君等,2006)。

---

① 资料来源:根据华为公司前员工的访谈整理。

Brislin 对跨文化敏感性提出了更加丰富并且更加动态的一种理解。他提到，跨文化敏感性有两大特征。一是容忍性的人格，即采用一种相对具有多个角度的思考方法，接受不断变化的文化，良好地适应模糊情景，除此之外，耐心地开展人际交往，并且对社会上的现象和情况予以更灵活和有宽阔性的理解。二是社会关系，即一个集结了角色转换能力、接纳能力和同感能力的组合(赵璐，2010)。

Kealey 和 Ruben(1979)强调了哪些人是属于高敏感性的。这些人都具有一个相同的特点，就是开放性，并且对其他人和不同思想都充盈着好奇心，擅长建立群内人之间的信任和关系，对他人的感受和想法能够敏锐地察觉，总可以保持一种既积极又尊敬的态度来对待他人，有自信心，遇事冷静且灵活。

Bhawuk 和 Brislin 最终将跨文化敏感性定义为"一种对文化差异的重要性及对其他文化中人的观点产生的敏感性"，并且补充了其局域开放性和变通性。这个定义其实是在如何识别跨文化敏感性方面补充了行为变化(成勇，2011)。

3) 外派人员的跨文化胜任力研究

这个方向对于跨文化胜任力领域来说，是研究得最多的一个方向。很多研究者都把外派者进行不同的分类，Hays(1974)从公司架构和职能上进行了四个类型的划分，包括CEO、操作员、问题解决者和问题复制者，他们代表了不同水平的外派能力。我国研究者基于我国外派者的情况，将外派分成三个类型：劳务型、技术型和管理型。这三个类型都很贴近我国企业当前的实际外派状态。也有学者把焦点放在对外派者阶段性的研究上，例如，外派前、外派时和外派结束后三个阶段的研究。

外派研究是外资或者合资企业人力资源研究的重要方向，因为其成果能够直接帮助人力资源管理人员进行选择和判断，甚至作为个人绩效的考核标准。有的学者把研究重点放在不同阶段和不同类型的外派上，这些外派都很具有研究价值。对于技术型高精尖企业，技术性外派研究就非常重要，如果是劳动密集型企业，那么劳务型外派研究就更有价值，而对综合能力要求较高的企业则对管理人才的外派研究更感兴趣。

不管是哪一种外派，都与跨文化胜任力有不可分割的关系，外派的很多研究结论都为跨文化胜任力提供了重要的研究证明。笔者曾了解到，某公司(属于半导体行业)主要会对两类人进行外派，一类是高层管理者，另一类(大多数)是技术型人员。其原因在于，在技术领域，企业在国内可以寻求到成本更低的技术人员，外派时，可以通过这些技术人员把先进的技术带到其他西方国家的分公司或者总部去，并将技术传授给当地的技术人员；或者通过国内派出去的技术人员学习更先进的技术。这种外派对跨文化交流能力和智力是有要求的，在这个分享和学习的过程中，公司承担外派的成本，如果技术交流是成功的，那么对于外派来说就具有价值。他们认为这样的外派最大力度地为公司实现了技术的互相学习，同时能保证把外派学习的成本降到最低。然而外派的成功与否，很难去测量，并且绝大多数企业没有对员工的跨文化能力进行过测量。试想，如果有更多关于跨文化胜任力的测量和跨文化胜任力的研究，那么就可以更好地实现员工和公司双方的利益。

案例 3.1：海外任职——艰难的挑战[①]

　　海外任职并不是一件容易的事，它不仅影响员工职业的发展，还影响他们的家庭。对于中国员工来说，到海外任职有一个重要阻碍，那就是子女的教育问题。把学龄儿童带到国外生活，哪怕只在国外待很短的时间，都有可能会造成孩子回国之后学业落后于自己的同学，导致孩子再也没有机会进入国内顶尖的大学学习。等到父母海外任职期满，孩子和父母一起回国之后，他们就有可能已从原来的教育体制中脱离了。

　　原联想集团人力资源高级副总裁乔健，在她的新加坡任期快要结束时，面临两个选择：回到中国或者去北美的总部罗利以积累更多的全球化经验(时间将是三年)。"在新加坡的工作并不容易，但是去北美会更加困难。可是如果因此就拒绝这个机会，不是我的作风。"乔健回忆说，"如果我想成为一个真正的全球领导者，我不能拒绝这次锻炼机会。"

　　当时乔健的女儿已满 13 岁，正处于学校教育的关键时期。乔健好不容易才让女儿进入新加坡的公立学校读书，但女儿最后还是又回到北京读书，她再也不想有什么变动了。经过长时间的劝说，乔健终于说服女儿和自己一起去美国。她的丈夫也同意一同前往，他卖掉了自己创立的 IT 公司，放弃自己的工作来支持乔健的事业。正如他总是一如既往地支持乔健，这一次搬去美国他也很配合，他表示去美国还能帮女儿适应新的学习环境。

　　对于乔健一家来说，这一次重新适应并不顺利。之前新加坡的工作已经颇具挑战，但毕竟在亚洲，文化上还有相似之处。而到美国后，乔健与丈夫进入了一个完全陌生的国度和文化中。

　　到达罗利之后，一切都要靠他们自己。他们要自己去找房子、商店、银行，送女儿去上学，办理驾照。所有这些他们都努力做到最好。让乔健非常惊讶的是，申请信用卡和本地驾照，申领社会保障卡，甚至连租车都有一系列复杂的程序。很多当地人习以为常的小事，对于乔健一家来说都很困难。

　　有一天晚上，乔健在当地的沃尔玛买东西，偌大的超市里空空荡荡，她有点害怕，当一个妇女从她所在的通道走过时，她感到非常安心，并且向那名妇女微笑了一下。但那位妇女却瞪了她一眼，她十分不解。之后乔健才明白过来，自己和购物车离那个妇女太近了，侵犯了人家的个人空间，而在中国不存在这样的概念。

　　当然，在办公室里，乔健也会感动于当地同事的礼貌周到。例如，同事会挡着电梯门等她进来，并帮她按好要去的楼层按钮。

　　乔健快速适应了工作，并影响着罗利办公室的工作方式。很多人都记得她在罗利发表的任职演讲。在演讲中，她分享了自己对联想的激情与忠诚。她慢慢认识当地的同事，了解他们的家庭情况，并进入联想在当地的社区，融入同事们的生活。

　　但是，乔健向美国的同事传递联想的企业精神一波三折。最初，美国同事对这种"灌输"感到非常厌倦。来到罗利办公室几个月之后，乔健着手准备向美国同事讲述联想的历史传统，想在美国开一个战略宣讲会。和中国的会议一样，她想借这样的宣讲会庆祝公司前一年取得的成绩，同时鼓舞团队士气，激励大家实现未来的目标。

[①] 案例来源：乔健和康友兰(2015)。

但当乔健第一次组织美国员工参加宣讲会时,他们的表现让乔健深感挫败,员工们极不情愿地进入两层的会场,并坐在会场最高处的后排座位上,当 CEO 致辞时,他们只是形式化地鼓掌。而三年之后,当联想庆祝一个又一个胜利时,美国同事们已经非常热情地参与到这些活动中。会场上,大家兴奋地齐聚一堂。当高管上台演讲时,台下的员工会发出尖叫。最近的几次会议也获得巨大的成功,会场里座无虚席,当杨元庆讲完话,全场听众都自发起立并热烈地喝彩。

乔健也为美国的 HR 团队组织了圣诞舞会,这和联想在中国的春节活动一样,在这些舞会上,乔健拥有了自己的粉丝,这也是传递团队精神的一种途径。刚开始,同事们不愿意参加圣诞舞会,之后他们开始参与进来,并连续几个星期在下班之后练习跳舞,只为了能在圣诞舞会的比赛上一决高下。圣诞舞会大获成功,同事们现在每年都要求举办。因此,尽管一开始遭遇了抗拒,但乔健后来在团队建设和鼓舞士气方面的工作成效是显而易见的。

乔健是一个让人很难对她说"不"的人,她的善良和开朗给来自不同文化的同事都留下了深刻的印象。直到现在,乔健走在联想美国公司的园区内时,都会遇到很多人停下来和她如朋友般地聊天,包括咖啡店里的收银员以及职位最低的 HR 员工。

当然,这次外派也改变了乔健,她说英语更为流利了,也更加自信了,同时加深了对美国文化的理解。现在无论听众是谁,她都可以随时走到台前,发表激动人心的演讲。她越来越多地在联想全球各地的分公司发表演讲,包括中国、欧洲和美国。她也很幸运地找到了得力助手,她的行政助理诺尔玛(Norma Duff-Greenwood),诺尔玛能够随时为她解答她对文化细节的疑惑,包括个人空间的概念、美国的选举制度以及复活节和感恩节的重要性等。

第4章 跨国企业人力资源管理的模式及影响因素

在全球竞争时代，人力资源的质量是跨国公司获得全球竞争优势的关键因素，因此全球人力资源管理已成为跨国公司国际人力资源管理部门的一项重要任务。本章将详细阐述跨国企业人力资源管理的四种模式，以及影响跨国企业人力资源管理模式选择的关键因素，帮助读者能够对跨国企业的人力资源管理模式有更深入的了解。

4.1 跨国企业人力资源管理的四种模式

关于跨国企业人力资源管理模式，目前被普遍认可的是珀尔马特(Perlmutter)等提出的四种管理模式：民族中心模式、多元中心模式、全球中心模式和地区中心模式(张新胜等，2002)。

4.1.1 民族中心模式

民族中心模式也可称为"母国中心模式"。母公司认为自己的技术、管理方法和管理经验都是最先进的，会将母国管理方式推广至国外的子公司。在人事政策上表现为各子公司的中上层级管理者绝大多数由母国人员担任，低层级和辅助性的岗位多由当地雇员担任，绩效考核按照母公司的方式实施；在薪酬管理上，外派人员的薪酬按母公司的标准支付。

这种模式曾经非常普遍。宝洁、飞利浦和松下等公司最初都采用这种模式。例如，飞利浦公司，其绝大多数国外子公司的重要职位曾一度全部由荷兰人担任；许多日本公司，如丰田、松下，其国际业务中的重要职位通常由日本人出任(朱圣芳，2005)。

实施民族中心模式的跨国企业通常会采用两种方式来管理海外子公司：第一种是激进方式，就是通过文化移植战略，迅速让境外子公司的员工接受母公司的企业文化，并且由母公司的外派人员担任高管，日常运作都按照母公司的标准来执行。第二种是渐进方式，虽然同样是由母公司的外派人员担任海外子公司的高管，但是其并不要求东道国员工立即按照母公司的模式执行，而是通过企业自身强大的文化优势来吸引当地员工，通过"润物细无声"的方式，让他们逐渐接受这种文化，并成为其忠实的执行者。具体采用哪种方式，要根据母国和东道国文化差异的大小决定，文化差异较小则适宜采用激进方式；反之，则适宜采用渐进方式。

企业采用民族中心模式进行人员安排有三个原因：第一，东道国可能缺乏合格人员担任高级管理职务。第二，这是能保持一致性企业文化的最好方式。例如，许多日本公司喜欢让日本侨民经理领导它们的海外经营活动，因为他们在日本国内工作时就已被纳入企业的文化中；宝洁公司一直愿意任用美国人担任国外子公司的重要管理职位，这些人在美国工作期间就已融入公司文化中。当一个公司十分看重公司文化时，这种逻辑易占据上风。第三，把母公司的核心优势传递给它的国外业务部门，以创造更多价值。正如采取国际战略的公司所做的那样，达到这一目的的最好方式是把母公司中了解这种优势的人员转移到国外业务部门。因为关于公司核心优势的知识是通过长期经验获得的，难以清晰地表达出来，公司只有向国外业务部门输送管理人员才能向国外的经理们展示如何获得和成功运用这些核心优势。

民族中心模式现在已被绝大多数国际型企业逐渐抛弃。一是因为这种模式限制了东道国职员的发展机会，从而易引起职员的不满、低生产率和高离职率。二是因为这种模式可能会导致"文化近视"，即国外来的经理不理解东道国的文化差异，而这些差异要求公司采用不同的营销和管理方式。例如，国外来的经理可能不知道如何调整产品特性、分销策略、沟通策略和定价方法，结果造成代价高昂的失误。三是因为驻外人员适应所在国的环境需要很长时间。在此期间，母国人员可能会做出错误或不当的决策，或在人力资源管理上，对当地下属的需要和期望感知不敏感。四是因为驻外人员的维持费用很昂贵。

我国国际化经营企业现阶段采用这种模式较多，这与我国企业目前的国际化发展水平相适应。我国企业选择这种模式也是因为其人力资源成本是最低的，特别是对于那些在发达国家从事经营活动的企业来说，派遣自己企业的管理人员，比在当地雇佣管理者，可节省大量的人力资源成本。因为与发达国家的管理者薪酬水平相比，我国企业的管理者薪酬水平要低得多。

4.1.2 多元中心模式

多元中心模式也可称为"多国中心模式"。多元中心模式主张入乡随俗，承认文化有差别，认为母国的管理模式不一定适合东道国。各海外子公司只需要遵循母公司的人事习惯，并不需要按照总部的标准执行；除了大量中层和基层岗位由当地人员担任之外，部分专业技术岗和高级管理岗也有当地人的身影；在薪酬管理方面，有自己的一套考核指标，针对母公司外派人员的薪酬会按照母公司的标准支付，当地员工的薪酬按照东道国的标准支付。

采用多元中心模式有很多优点。首先，当地员工通晓本国语言，在当地具有一定的人际关系，对本国的市场需求和政策法规都比较熟悉，可以帮助子公司与当地政府更好地合作，并尽快地融入当地市场。其次，允许东道国的雇员在子公司高层任职，可以有效地激发其本人及其他东道国雇员的工作热情，增加他们对子公司的认同感，进而吸引大批优秀人才加盟。再次，大量使用东道国员工可以降低公司的人力成本。最后，能够给当地增加大量的就业机会，带动东道国的经济发展，客观上为东道国培养了高水平的技术人才和管理人才，有益于东道国的经济安全。

多元中心模式也有缺点。东道国职员获得国外经验的机会很少，无法晋升子公司之外的高层职位。正如在民族中心模式下的情况一样，不满情绪也会因此产生。东道国经理和母公司所在国经理之间可能产生断带也是该模式的缺点之一。语言障碍、对本国的忠诚和一系列文化差异可能会把公司总部人员与各个国外子公司人员隔离开来。投资国和东道国之间若再缺乏管理人员上的交流，则这种隔离会加剧而导致公司总部和国外子公司之间缺乏整体性。结果，公司会成为一个由各个与公司总部只保持名义上联系的独立的国外分支机构组成的"联盟"。在这个"联盟"内，很难达成传递核心优势、追求经验曲线和区位经济所要求的协调。因此，多元中心模式对于采取多国战略的公司可能会有效，但它对于其他战略是不适合的。

另外，多元中心模式产生的"联盟"可能会造成公司内部的惰性。例如，食品和洗涤业巨头联合利华在采用多元中心模式很多年以后发现，很难完成多国战略到跨国战略的转移。联合利华的国外子公司变成了"准自治"的机构，每家子公司都有很强的东道国形象。这些"小诸侯"努力地阻止公司总部限制他们"自治"并进行了全球化生产（庞龙，2014）。

4.1.3　全球中心模式

全球中心模式主张不分国籍，唯才是用。该模式的人事政策是：在全球范围内寻找优秀人才；按照对整个公司贡献大小的标准来衡量员工的业绩，并以此作为员工是否能获得晋升的标准；实施全球相似的薪酬标准，只根据地域的差别做出一些必要的调整。

这一政策有许多优点。首先，它能够在全世界范围内选拔人才，挑选范围广，也更容易找到合适的人才，使得公司能最有效地利用其人力资源。其次，也许更重要的是，它使公司能建立一支国际管理人员队伍，成员们在不同国家工作都会感到像在自己国家工作一样轻车熟路。建立这样一支管理人员队伍是创造强大统一的公司文化和非正式的管理系统（这两项都是实施全球或跨国战略的必要条件）的第一个关键步骤。采用全球中心模式安排人员的公司比采用其他模式的公司更有能力通过经验曲线和区位以及核心优势的多向转移来创造价值。另外，以此种模式建立起来的管理人员队伍是由多国成员组成的，这能够减轻"文化近视"并提高对地方需求的反应能力。所以，在其他条件相同的情况下，全球中心模式看起来最具吸引力。

尽管如此，许多问题仍限制着公司采用全球中心模式。许多国家希望外国子公司雇佣该国公民。为此，它们在移民法中规定当东道国公民掌握必要技术并且数量足够时，外国公司必须雇佣东道国公民。此外，绝大多数国家（包括美国）都要求雇佣外国公民而非本国公民的公司提供繁复的书面材料。这些材料可能很费时间和金钱，并且有时毫无用处。另外，全球中心模式实行起来花费可能很昂贵。管理者在国与国之间的调动会增加培训费用和重新安置费用，并且还需要有一个报酬结构，而它的国际基础工资水平可能比许多国家的报酬水平高。因此，被置于国际"快速跑道"上的经理们得到的丰厚薪水可能会在公司内部引起不满和怨恨。

4.1.4　地区中心模式

地区中心模式主要反映跨国公司战略的结构。Henna 和 Perlmutter 将此模式定义为多国基础上的功能合理化组合。具体组合随公司商务和产品战略性质而变化，但对于跨国公司来说，组合之一是把它的经营按地理区域划分，人员在地区间流动。例如，一家美国公司可能涉及三个地区：欧洲地区、美洲地区和亚太地区。欧洲地区人员将在整个欧洲范围内流动，如英国人到德国、法国人到比利时、德国人到西班牙。从欧洲地区调到亚太地区的人员很少，这些地区的人员调到美国总部的情况同样也很少。

采用地区中心模式的目的：一是促进从地区子公司调动到地区总部的高层管理人员与任职地区总部的母国人员之间的互动。该方法能反映出外派人员对地方条件的适应能力，因为地区子公司可能配备的是所在国人员。二是地区中心模式是跨国公司逐渐由纯粹的民族中心模式或多元中心模式转向全球中心模式的一条途径。从某种程度上讲，它已被一些跨国公司所采用，如福特汽车公司。

当然，地区中心模式也有一些缺陷。它在地区内可能形成"联邦主义"，而不是以国家为基础，从而限制了组织的全球立场。另外，虽然该模式的确在国家层面上能拓展职业生涯前景，但它仅把障碍转移至地区层面上，人员能晋升到地区总部但很少能晋升到母国总部。

以上四种模式特点鲜明，各有优劣。但需要注意的是，没有哪一种模式是万能的。在某一阶段或者在某个国家非常适用的模式，在另一阶段或者在另一个国家就可能不适用。跨国企业在实践中选择跨文化人力资源管理模式时会受到很多因素影响，需要结合自身的情况来决定选择哪种模式。

4.2   影响跨国企业人力资源管理模式选择的关键因素

在对影响跨国企业人力资源管理模式选择的因素研究上，不同学者给出了大致相同的看法。综合多位学者的观点，并结合中国跨国企业目前的实际情况，林肇宏和张锐(2013)认为影响模式选择的关键因素有组织生命周期、行业及产品特征、战略、文化等。

1. 组织生命周期

关于组织生命周期，Greiner 等以不同的标准对其进行了阶段划分，并分析了各个阶段的特征。以 Greiner 的理论为核心，多名学者进行了生命周期理论的研究，其中较为知名且系统的为 Adizes 的研究。他将企业生命周期分为两个阶段(成长阶段和衰退阶段)，并依次将各个阶段划分为孕育期、婴儿期、学步期、青春期、盛年期、稳定期、贵族期、官僚化前期、官僚期和死亡期。

根据 Franko 的研究，跨国企业采用何种人力资源管理模式与其国际化的阶段相关，目前国内学者在进行研究时普遍采用了这个观点(邱立成和成泽宇，1999)。邱立成和成泽宇(1999)进一步指出，除考虑海外子公司的发展阶段外，企业还常根据其具体的情况采用不同模式的组合。但是针对中国跨国企业在何种阶段采用何种模式，国内学者只进行了描述性分析，并未进行相关的验证。

2. 行业及产品特征

许多学者都认为，行业及产品特征是影响人力资源管理模式选择及实践的一个重要因素。蒋春燕和赵曙明(2004)对在港248家公司的实证研究表明，行业不同的企业在人力资源管理模式的选择上有较大的不同。王丰(2010)认为产品的性质不同，公司所采取的策略也会不同，进而会影响人力资源管理模式的选择。

3. 战略

近年来，战略的作用日益凸显，战略管理逐渐成为管理学界的研究热点，在人力资源领域也相应地产生了战略人力资源管理理论。战略人力资源管理理论强调人力资源管理要与组织战略目标及外部环境等相匹配(Wright，1992)。Schuler(1993)将跨国企业的实际情况与战略人力资源管理相结合，提出了战略性国际人力资源管理的概念及框架模型。Taylor等(1996)在此基础上进一步认为，不同的公司战略应采用不同导向的人力资源管理模式。与此同时，许多学者通过实证调研，对战略性以及战略性国际人力资源管理对企业绩效的促进作用予以了验证。

4. 文化

由于文化具有一定的稳定性，文化差异不会轻易被消除。赵曙明和张捷(2005)认为跨文化的管理是不可忽视的，文化差异会通过人的思想、价值观、行为等对组织效率产生巨大的影响。Ngo等(1998)运用多变量统计方法对数百家企业在港子公司进行研究后认为，企业文化会受到母公司所在国家的影响，而企业文化又会进一步影响人力资源管理的有效性。

近20年来，大量外企涌入中国，国内外学者对西方跨国企业的在华人力资源管理实践进行了大量的研究。许多研究发现在华跨国企业经理在引用西方人力资源管理实践时会遭遇抵触，同样的状况也发生在海外市场的中国企业经理身上。段万春和毛莹(2009)指出，许多跨国企业总部高层管理人员所采取的政策与手段往往具有全球性质而并非只针对中国市场，这常常使跨国企业陷入困境。此外，Cooke(2008)认为，由于体制、地理和文化具有相似性，在其他发展中国家，中国跨国企业更有可能采取类似于在中国本土的人力资源管理实践。

综上所述，目前国内外学者关于跨国企业人力资源管理模式选择及实践的研究主要是针对发达国家的跨国企业，对于中国跨国企业，虽然其具有一定的借鉴意义，但鉴于在中国特有的文化下形成的企业文化和员工价值观、思维和行为方式的不同，其并不足以指导中国跨国企业人力资源管理活动。而目前针对中国跨国企业人力资源管理的研究还较为匮乏，少有的相关研究也多为描述性分析，且观点缺乏具体案例或调研结果的支持，导致很多想要走出去或者正在走出去的中国企业缺乏相应的理论指导，不利于其快速、稳步地成长，因此我们急需更多针对中国跨国企业人力资源管理模式选择与实践的研究。

案例4.1：TCL在国际化进程中的人力资源管理[①]

TCL创立于1981年，其前身为中国首批合资企业之一，目前产品涉及电话、电视、手机等领域，有8万多名员工，在80多个国家和地区设有销售机构，业务遍及全球160

---

① 案例来源：根据TCL公司前员工的访谈整理。

多个国家和地区。2016 年其实现营业收入千亿元，在 2017 年中国电子信息百强企业中排名前 10 位。

TCL 的国际化是先从与中国接壤且文化差异最小的越南起步，采用"农村包围城市"战略占领市场，树立品牌，培育品牌知名度，逐步积累国际化经验，储备人才，然后再逐步向泰国、印度、巴西、俄罗斯以及澳大利亚、欧洲等国家和地区的市场拓展。

TCL 对海外子公司人力资源的管理力度相对较弱，一般只管理中国外派员工，或子公司的外籍高管，而对于本地员工的管理，一般都由子公司负责。一是因为 TCL 具有"分权"的传统企业文化；二是因为 TCL 是由一个小型地方国有企业发展起来的，虽然目前已经发展到比较大的规模，但与国外企业相比，整体基础还比较薄弱，而国际化虽然已经开展了较长时间，但国际化管理人才的储备仍然不足，缺乏"中央集权"的能力。

1999 年，在 TCL 兼并一家香港公司在越南的生产工厂后，负责销售 TCL 相关产品(主要是彩电)的越南公司成立，这是 TCL 海外业务扩张的第一站。

2006～2009 年，TCL 在经历了不太成功的欧洲并购整合之后，尚未恢复元气，处于经营的低谷，整个集团的收入、利润、市场占有率、现金流量等都不尽如人意，对海外子公司的投入也较少，它们自负盈亏，自我发展。

越南公司的人力资源管理基本上采用的是民族中心模式(公司总部做决策，分支机构关键岗位由本国人员担任)，越南公司总经理、总经理助理和财务总监三个职位由中国外派员工担任，除了胡志明经营部主管是当地人之外，其余所有直接向越南公司总经理汇报的部门主管也都是中国外派员工。越南公司中高层主管的本地化率比较低，究其原因，一是本地的高端人才要价高，越南公司没有足够的利润支撑管理层的本地化；二是 TCL 的管理基础和能力还有欠缺，暂时还做不到通过规范的管理来经营公司，需要有中国外派员工来推动各项工作的开展，并进行监督。但越南公司的中国外派员工其海外工作经历普遍不长，且有不少是因为业务能力突出而被公司选拔出来的，是第一次出国工作，在国内也没有带团队的经历，而且语言能力(英语或越南语)普遍较弱。

公司总部没有强行要求全球子公司采用统一的管理制度，但由于部门经理及其以上级别的主管大多是中国外派员工，因此当地的管理制度都是这些中方员工把国内的相关制度翻译成越南语或英语之后而成的。越南公司当时的流程制度建设并不完备，公司将管理的重心聚焦在业务以及强相关的财务管理上，因为这些方面的投入见效更快，更能看到成果。而对于人力资源管理制度体系的建设，包括绩效管理体系的建设，则相对较弱。公司也没有人事管理系统，人力资源管理报表等都是手工制作的，其效率和准确性都较低。不过 TCL 也意识到了这些问题，后来逐步将国内的管理体系延伸至子公司。

由于人员规模整体较小，越南公司没有设立单独的人力资源部，而是设立了既负责人力资源管理，又负责所在区域相关行政事务的人事行政部，部门人员同时承担人事和行政两种职能。

案例 4.2：华为在国际化进程中的人力资源管理①

创立于 1987 年的华为是全球领先的信息与通信技术(information and communications technology，ICT)解决方案供应商，目前约有 18 万名员工，业务遍及全球 170 多个国家和地区。2016 年，华为的海外销售收入占其全球收入的比例超过 54%，在 2017 年世界 500 强企业排行榜中，华为名列前 100 名。

华为崇尚的是高效的企业文化，"中央集权"力度大，执行力很强，强调统一标准。经过多年的发展和咨询公司的帮助，华为建立了较为扎实的企业管理基础，各项制度流程比较完善和规范，公司在全球推行统一的工作流程、制度和管理操作，对海外分支机构的管理都是基于总部统一的管理平台。通过与 IBM 等多家公司的合作，华为建立了 IPD(集成产品开发流程)和 ISC(集成化供应链管理)，它们覆盖了各分支机构，因此总部能够很方便地了解分支机构的经营管理状况，并能够及时纠正错误和指导工作的开展。华为海外子公司基本沿用中国总部的体系，而且各项基础性管理工作(如岗位的工作说明、薪酬管理制度、招聘流程和标准、职位晋升制度等)相对比较完善，同时公司还有全球统一的人事管理系统辅助各项人力资源工作的开展。多年的国际化发展也为公司储备了较多国际化管理人才，海外子公司的本地化建设也处于领先水平。

华为在 1997 年进入俄罗斯市场，建立了俄罗斯子公司。这是华为在海外的第一家销售机构。1997 年，俄罗斯经济陷入低谷，卢布大幅贬值，资本市场极其混乱，导致电信市场十分冷清，投资也几乎停滞，很多跨国巨头纷纷从俄罗斯撤资，而华为当时在俄罗斯的规模很小，只是一个办事处，因此选择了继续坚持。随着俄罗斯经济的逐渐好转和华为自身的不断耕耘投入，在国际巨头缺席且没有太强竞争对手的情况下，华为逐渐在俄罗斯市场打开局面，发展成为俄罗斯市场主流设备供应商，成为当地相关行业主要竞争企业之一，并从此开始了全球化的发展。

2011～2013 年，华为已处于快速发展的阶段，其已有足够的资金支持海外子公司的发展。

华为俄罗斯子公司的人力资源管理基本上采用的是地区中心模式(区域具有一定的决策权雇佣区域内的本国员工)，子公司中高层以及一线管理人员中有大量的本地员工，在不少部门，本地主管的数量甚至还超过了中方主管的数量。除了有中方主管管理本地员工外，还有大量的本地主管管理中国外派员工。子公司拥有一定的决策权，只有在涉及重大经营决策以及全球关键客户时，子公司才须获得总部的批准。

华为俄罗斯子公司几乎所有的规章制度(法律有明确规定而不得不进行调整的除外)，都直接使用国内统一的版本，总部要求子公司适应统一的要求和规范。华为俄罗斯子公司没有独立制定规章制度的权利，就算国内没有相应的制度，华为俄罗斯子公司自行制定的制度也需要国内总部审批后才能生效。

华为从 2009 年开始，按照著名人力资源管理学家戴维·尤里奇(Dave Ulrich)的理论应用人力资源三支柱模型。

---

① 案例来源：根据华为公司前员工的访谈整理。

华为俄罗斯子公司还建立了较为完善的人力资源支撑系统，其包含专家中心(center of expertise，COE)、共享服务中心(shared service center，SSC)以及人力资源业务合作伙伴(human resources business partner，HRBP)，而华为的 HRBP，大部分都是由具有丰富经验的业务人员转型而来。

第5章 培养高效能的外派队伍

对于跨国企业在母国之外其他国家的经营而言,母国外派员工队伍的质量在很大程度上会影响其经营效果,因此,培养高效能的外派队伍就显得尤为重要。本章主要阐述外派员工队伍的配置、甄选与培训,并简述外派管理对跨国企业的三种影响机制,使读者能够了解外派管理如何影响跨国企业的运营。

5.1 海外经营管理人才配置

5.1.1 海外派遣管理动机

随着中国跨国企业国际化的不断发展,国际人力资源管理以及海外派遣受到越来越多学者的关注。跨国公司在海外设立子公司面临着"外来者劣势"(Kumar et al.,2020)的困境,现有的文献基于资源依赖理论、代理理论、制度理论和交易成本理论,试图从不同层面对跨国公司外派行为及动机作出解释,并印证外派管理在跨国企业海外经营过程中的重要性。下面,本书对这些理论和相关文献作具体阐述(高瑫峻等,2021)。

(1)资源依赖理论认为,可通过外派人员减少子公司对东道国环境的依赖。资源依赖理论指出,为了实现组织目标,组织需要通过掌握关键内部资源来减少自身对外部环境的依赖。在进入东道国初期,跨国企业海外子公司会面临"外来者劣势"带来的风险与不确定性。由于东道国拥有子公司所需要的稀缺资源,子公司在刚进入东道国市场时易产生对东道国资源的依赖。然而,过度的资源依赖会增加企业的交易风险及成本,因此,子公司应更多地使用母公司内部资源,形成企业独特的能力,以减少对东道国资源的依赖。中国跨国企业在国际市场上处于后来者劣势,且缺乏核心竞争力,由母公司海外派遣政策形成的人力资源内部流动可以增加跨国企业母公司的资源支持(Gupta and Govindarajan,2000)。而外派人员作为国际化过程中稀缺的人力资源,在获取、利用和发展公司其他资源方面能够起到重要作用。因此,在资源依赖理论视角下,跨国企业外派动机是通过作为公司内部人力资源的外派人员来减少子公司对东道国资源的依赖。

(2)代理理论认为,可通过外派人员减少海外子公司与母公司之间的委托代理成本。代理理论指出,委托人与代理人的利益冲突会导致高额代理成本(Jensen and Meckling,1976),而解决这一问题的关键在于设计合理的内控机制,以使代理人能够按照委托人的利益调整自己的行为。跨国企业母公司与海外子公司之间地理位置的分隔,在给予子公司一定自主权的同时,也加剧了二者之间的委托代理问题。具体而言,在缺乏母公司监督的情况下,子公司内部的经理人倾向于追求自身利益最大化,其自利行为很可能会损害企业的利益;其次,即使子公司内部的委托代理问题得以解决,子公司与母公司间利益目标的偏差也会导致高昂的代理成本。为解决上述母公司与海外子公司之间的委托代理问题，母公司可以通过派遣员工实现对子公司的监督与控制。外派人员一般在母国直接接受培训并经历社会化过程，因此，与东道国当地员工相比，他们的自利行为倾向较弱，能相应缓解子公司内部的代理问题(Tan and Mahoney，2006)；同时，外派人员丰富的国际化经验能使外派人员更好地理解子公司在跨国网络中的角色，从而能更好地协调子公司和母公司之间的矛盾和冲突，进而维护母公司的利益。因此，基于代理理论的观点，跨国公司外派动机是通过外派人员来最小化海外子公司与母公司之间的委托代理成本。

(3)制度理论认为，可通过外派人员增强海外子公司内外部的合规性。制度理论强调制度环境对企业结构与具体行为的决定作用，以及企业保持制度合规的重要性(朱庆华和杨启航，2013)。在国际化经营条件下，跨国企业面临着至少两种制度环境(母国与东道国的)，因此企业面临着来自外部合规性(即子公司和东道国制度环境的一致性)与内部合规性(即子公司与母公司之间的一致性)要求的双重压力。制度距离将影响跨国企业获取内外部合规性的难易程度。具体而言，当制度距离较远时，企业在东道国获取外部合规性较为困难；而当制度距离较近时，企业在东道国获取内部合规性相对较容易。当制度距离较远时，相对于保持内部一致性和控制的需求，子公司更应该关注外部合规性的获取。此时，为了更好地融入东道国当地社会并获取外部合规性，跨国企业可能会偏向于任命东道国员工而非外派人员。因此，基于制度理论的观点，跨国公司外派动机是通过外派人员来增强海外子公司内外部的合规性。

(4)交易成本理论认为，可通过外派人员优化企业国际化交易成本。交易成本理论指出，组织结构应最小化交易成本。在跨国运营的情境下，交易成本理论要求跨国企业通过重塑海外子公司的结构来减少企业在国际化和在东道国运营过程中的交易成本(Gong et al.，2001)。在地理位置相隔较远且经营目标差异较大时，在海外子公司中加入母国外派员工的组织结构形式能有效控制子公司运营，并使子公司与总公司的经营目标保持一致。

此外，与普通员工相比，母公司对外派人员投入了更多的培训和维系成本，因此，外派人员是跨国企业的一项不可逆的长期投资(Tan and Mahoney，2006)，而将此类国际化人才外派到海外子公司，也是节省公司人力成本的有效手段之一。因此，基于交易成本理论，跨国企业外派动机是通过外派人员来最小化企业国际化交易成本。

5.1.2　海外派遣人员的外派意愿

外派意愿是指员工接受单位或公司安排的一段时期的海外派遣工作的意愿。冯娇娇等(2017)在研究中国银行外派群体时基于ERG(existence-relatedness-growth)需求理论，以访谈的形式调研了外派人员的外派意愿。ERG需求理论由耶鲁大学的克雷顿·奥尔德弗(Clayton Alderfer)在1969年发表于 *Organizational Behavior and Human performance* 期刊。该理论在一系列实证研究的基础上修订了马斯洛的需求层次理论，并将人类需求整理归纳为三个核心：生存的需求、相互关系的需求和成长发展的需求。研究表明，虽然影响外派群体的因素较为复杂，但依然处于人类需求框架之中。

外派意愿属于成年人的心理活动或心理动机，因此外派意愿的影响因素较为复杂，甚至因人而异。本书从已有的研究成果切入，将影响外派意愿的因素归纳为两个类别：个人因素和组织因素。

1. 个人因素

张翔（2016）在研究中指出，年轻、未婚或已婚但未养育子女的员工，能够通过外派拓展自身职业的广度和高度，而通过外派能够晋升更高职位的员工外派意愿更强烈。在性别方面，大量的研究表明女性的外派意愿低于男性的外派意愿。但是，另有学者的研究却指出外派意愿与性别并无关系。因此，关于性别是否对外派意愿具备影响力，学术界还没有统一结论（赵洋，2018）。

在个人因素是否对外派意愿具备影响力方面，应该根据外派人群不同的价值观而改变每一种因素的重要程度。Froese（2012）的研究结果表明，不同的外派人群有着并不完全相同的外派意愿影响因素。例如，英国的外派群体认为家庭和朋友是影响外派意愿的重要因素，但是对新西兰外派群体的调查结果显示，只有家庭才是影响外派意愿的重要因素。

2. 组织因素

组织因素在已有的研究中主要指单位或者公司对外派员工职业生涯的支持及外派结束后对员工回任的支持、恰当的报偿制度、外派目的国日常生活保障等。这些组织因素都与员工的外派意愿有显著相关性。

欧洲学者 Mol 等（2009）指出具备强烈外派意愿的申请人更能匹配外派工作，因此外派意愿应该被纳入国际跨国组织遴选外派人员的考察体系。此外，许伊茹和严燕（2008）发现欧美跨国企业外派人员所出现的问题主要有外派失败率较高、绩效持续徘徊在较低水平、归国后离职率比较高。而且她们的研究指出，外派人员缺乏外派意愿是导致这些问题的重要原因之一。与此同时，两位学者还阐述了一个事实：在现行框架下的跨国组织（公司）内部，具备工作内容与外派意愿相匹配的员工越来越难以找到。

有关外派的研究起步于欧美发达国家，迄今为止，我国学者针对外派意愿的研究仍基本处于初级阶段。因此，本书主要引述国外学者针对外派意愿的相关研究，整理所得的外派意愿相关研究见表 5-1。

表 5-1　外派意愿相关研究

提出者	相关研究
Negandhi（1979）	早期的美国跨国公司，会将员工的外派意愿视为外派重要事项的仅占 4%
Tung（1982）	筛选外派人员的重点考察因素中应该包括外派意愿
Harvey（1989）	员工对外派工作的态度与其外派意愿挂钩，并与外派工作是否成功相关
Worley（1995）	公司的管理者或专业技术人员在面对外派委任时，更希望主动掌握，反对被动接受

从表 5-1 中可以看出，鉴于外派意愿的含义比较单一，学者们并没有在概念上拓展或者进行更加深入的探寻，而主要聚焦在组织绩效、职业满意度、离职意向、绩效评估和薪酬设计等对外派意愿的影响方面。

5.1.3　海外员工配置政策

海外经营管理人才是指了解国内外市场环境、懂得国际商业惯例、擅长处理涉外经商事务的员工。企业选择的海外经营管理人才，通常来源于母国、东道国和他国。在具体配置模式上主要有四种，分别为民族中心模式、多元中心模式、地区中心模式、全球中心模式(四种模式相关具体内容可参见本书 4.1 节)。

民族中心模式，即企业将母公司的政策和操作方法直接移植到海外子公司，人员管理偏向于使用母国模式，只有母国的管理人员才是高级经营人员的首选；多元中心模式，即子公司根据当地环境采取合适的人力资源政策，其管理岗位可以由东道国员工担任，这实质上是本土化的一种做法；地区中心模式，即子公司按地区进行分类，各个地区内部的人力资源尽可能协调，子公司的管理人员可由本地区任何国家的员工担任；全球中心模式，即在全球范围内配置母国人员、东道国人员和第三国人员，管理职位可由最适合的任何国家的员工担任。有学者通过对进入中国多年的 10 家世界 500 强企业进行研究，得出了它们各自所采用的模式，如东芝采用民族中心模式、达能采用地区中心模式、联合利华采用多元中心模式、可口可乐采用全球中心模式。

海外经营管理人才的来源选择其实各有利弊。若使用母国人员，则便于控制和协调，可确保子公司遵守母公司的目标政策，并且可为有发展前途的经营人员提供获取国际经验的机会，但同时也存在所在国人员提升机会有限、适应时间较长、薪酬不一致等问题。若使用东道国人员，则其优点在于消除了语言等障碍、减少了招聘成本、增加了管理连续性，并且易得到政府鼓励等，但这种方式也有缺点，如母公司的控制和协调易受阻、限制了母国人员获得国际经验的机会等。

总体来说，目前我国跨国经营企业在进行海外经营时，多采用外派管理人员的方式。因此，我们要以提高外派管理人员的跨国经营管理能力为重点，同时兼顾对海外优秀人才的吸收与引进。

1. 内部培养

要提高我国跨国经营企业外派管理人员的能力，最根本的办法在于加强内部培养。

首先，要加大在人才培养上的投资力度，并完善培训体系，而一些大型跨国公司在这些方面给了我们很好的示范。例如，英国的罗孚集团每年在培养和开发跨国经营管理人才方面的预算高达 5000 万美元；美国通用电气创建的克罗顿维尔管理学院不仅是内部员工的培训基地，还是领导人才的发源地、凝聚公司力量的精神纽带。这些企业的做法都值得我国企业学习，当然，随着我国企业跨国经营经验的积累，我国企业对跨国经营管理人才的培养也有了认识上的提升，一些企业已经开始在跨国经营管理人才培养上大力投入。例如，海尔集团不仅在集团下属每个单位都建立了用于员工脱产培训的小型培训实践中心，还投入巨额资金建立了海尔大学，专门用于内部员工培训，其投资力度和决心可见一斑。

其次，可有计划地选派经营管理人员到高校进修，并到国外跨国公司进行考察学习。通过这种方式，选派人员可提高在外语、国际贸易、财政金融及外国文化等方面的综合素质，并不断积累跨国经营的实践经验，从而更好地为本企业服务。例如，海尔集团与中国海洋大学、清华大学等国内院校联合举办了面向海尔员工的研究生课程班，并且每年都要选派管理骨干人才到国外著名院校和跨国公司学习进修。

2. 外部引进

首先，要全力争夺全球优秀的管理经营人才。目前，我国企业在进行人才争夺时明显落后于其他国家。例如，国内一些外资企业会提前半年把招聘信息发布到各名牌院校的就业指导中心，并会推行暑期以及寒假实习计划，或者设立以公司命名的奖学金，在吸引优秀人才方面可谓手段多样。这就提醒我国企业决策者要积极争夺优秀跨国经营管理人才，利用国外猎头公司、高级管理人才市场等，建立有效的人才发现机制，并大胆使用国外优秀人才为我国的跨国企业服务。例如，浙江万向集团在美国建立了万向美国公司，并重金聘用了一位原任职于通用的总经理，力图将万向美国公司办成本土化的公司。从实际情况看，这确实起到了积极作用，万向美国公司也保持了良好的发展势头。

其次，要建立有效的用人和激励机制，不仅要做到吸收优秀人才，还要做到留住优秀人才。对于中国的跨国企业而言，其尚未形成合理的激励机制和公平的报酬体系，其在用人和激励机制上仍然沿用国内传统做法，这样会挫伤外籍管理人员的工作积极性，造成优秀人才的流失。因此，我国企业应借鉴国际优秀经验，与国际通行做法接轨。

最后，要注重建立企业文化，促进文化融合。用统一的价值观和优秀的企业文化留住优秀人才，将他们与企业凝聚在一起，并影响他们的生活方式、行为方式和价值信念，促使他们更积极地为企业创造价值。例如，美国海尔贸易有限公司聘用了一位名叫麦考的美国人作为其总裁，公司先让麦考认同海尔文化，再通过他来潜移默化地影响企业中其他的美国人，在良好的企业文化熏陶下，海尔产品在美国市场实现了迅速发展。

5.2　外派管理对跨国企业的影响机制

目前，外派管理对跨国企业的影响机制主要有三种，分别为知识转移机制、控制机制和战略协调机制(高瑨崚等，2021)。

5.2.1　知识转移机制

知识转移机制认为实施外派管理提升了企业的创新能力及知识转移，同时也促进了子公司的逆向知识转移。知识是组织重要的战略性资源，能够有效帮助组织提升绩效，是企业实现可持续竞争优势的根基。对于跨国企业来说，形成使资本、产品及知识在母公司和子公司之间以及各子公司之间互动和交换的网络对于提升公司整体发展水平与创新能力至关重要。通过该网络，组织能够完成其对内外部知识的转移和吸收，并获取竞争力。外派人员是企业获得外部知识、资源和技术的重要渠道及有效手段，同时也是企业间知识转移的重要载体。外派人员拥有一定的经营经验、知识以及社会嵌入能力，能将母公司层面的企业文化、独特经验、知识库(尤其是技术方面)等通过社会化过程或者合适的培训机制转移至当地管理者及员工，促使东道国员工学习相应的知识、经验和技术。

5.2.2 控制机制

控制机制认为，实施外派管理加强了母公司对海外子公司的控制。母公司对子公司的控制主要有两种手段：官僚控制手段和文化控制手段。官僚控制手段一般表现为强制海外子公司实行与母公司一致的且标准化的制度、规范、绩效评价体系等，这样的手段过于僵硬和机械化，无法实现对日益分散和相互独立的子公司的统一管理。因此，研究者开始关注通过配置外派人员实现的行为及文化控制。有研究表明，外派人员能减少跨国公司对机械式或官僚式控制机制的依赖；此外，有研究提出对东道国有深刻文化认识和理解的外派人员能够成为母公司控制海外子公司的有效手段，反之则会破坏海外子公司的运营。

5.2.3 战略协调机制

战略协调机制认为通过实施外派管理可使企业的人力资源配置策略与公司战略以及发展阶段相契合，形成战略协调机制。对于跨国公司来说，外派管理是组织国际人力资源管理的重要组成部分，也是组织将跨国公司的战略资源从母公司转移到海外子公司以提升其竞争优势的关键流程。外派管理服务于企业的战略目标，因此，组织层面的战略导向会影响企业的外派管理实践，而企业的外派管理政策需要同跨国公司的战略保持一致。

跨国企业面临实现全球协同以满足运营成本最小化和保持组织灵活性并实现当地控制以满足东道国本地响应性的两种矛盾的需求。由此，跨国企业形成了国际化战略、全球化战略、多国本土化战略以及跨国战略四种国际商务战略。而在进行战略选择时，跨国企业会将战略与公司国际化运营的组织因素、行业因素以及环境因素进行匹配。人力资源管理同样遵循这一规律，并由此形成四种国际人力资源管理模式导向：民族中心导向、多元中心导向、地区中心导向和全球导向，跨国公司可根据战略需求选择相应的外派管理模式。另有研究者认为外派管理是企业战略执行的重要方面，在构建海外子公司竞争优势方面发挥着重大作用。外派人员能将母公司特有的且具备难以模仿和替代的战略资源应用到海外子公司，并通过东道国有效的团队合作帮助子公司形成可持续的竞争优势，进而使子公司获取更高的盈利能力与市场地位。

为什么从战略的角度看人员外派这么重要呢？这是因为，如果公司拥有高素质的国际化雇员，那么相较于竞争对手来说，就多了一个更有利的竞争优势。随着全球化竞争日益激烈，拥有一批具有国际化视野的雇员对于企业来说非常重要。因此，企业要建立一个属于自己的外派人员人才库，与其他竞争优势相比，这不易被竞争对手复制，还能够产生持续的竞争优势。而能否管理好遍布世界各地的外派人员，往往是跨国企业成败的关键。

企业将员工派往海外工作，这对于企业来说也是一种挑战，一是人员管理变得更加复杂，二是人力资源成本更加昂贵。但目前全球依然有80%的跨国公司在进行人员外派，其中有45%的公司预计会在未来增加外派员工的数量(刘雅静，2016)。由此可见，对于跨国公司来说，人员外派具有不可替代的意义，企业不会随意放弃这一战略。首先，到海外工作有利于外派雇员以全球的视野制定相应的战略，他们是企业实现战略目标的重要资源。

企业未来要更好地发展，有赖于懂得全球化竞争及理解不同文化背景的顾客、供应商和国际化市场的管理人员。有了全球眼光，高层管理者才能更好地做出有效的战略决策。有了国际管理经验，未来的高层管理者才能更好地理解外国顾客的需要，以及更好地与外国政府打交道。其次，人员外派有利于跨国企业协调和管控其在全球范围内的经营。这些经过培训的外派人员，与企业有着共同的观点和目标，扮演着使者的角色，发挥着纽带的作用，将企业的需要和价值传递给分布在世界各地的子公司。同时，外派人员去到东道国当地，可了解和掌握子公司的相关情况，能及时把当地的需要和信息反馈给总公司。与企业组织的员工短期考察访问相比，外派人员到海外任职时间较长，这让外派人员有足够的时间收集更有价值的信息。

5.3　人员甄选与培训

5.3.1　外派人员的甄选

甄选国际化管理人员时必须考虑以下三类特征：一是能力，包括技术知识、领导才能、经验、过去的工作绩效、所熟悉的地区、业务专长、语言能力等；二是适应性，如对海外工作的兴趣、处理各种关系的能力、文化理解力、对新的管理方式和环境的适应能力等；三是个人特征，如年龄、受教育程度、性别、健康状况、婚姻状况等。但是这些特征主要是强调个人的能力和素质，忽视了个人利益与公司利益之间有时并非完全一致，因此，选择外派人员时不仅要考虑个人因素，还应考虑工作本身和公司利益。换言之，外派人员的选拔必须将外派工作的特点、公司的目标和利益与个人动机和能力充分结合起来，并制定较完善的选拔标准(张光宇和李华军，2010)。外派工作的特点包括具有极大的挑战性和较高的复杂程度等；公司的目标和利益包括完成某项任务、进行某种控制、培养人才等；个人动机和能力包括期待完成任务、获得个人成就、取得职业安全稳定、获得晋升机会、得到更高的收入、提升专业能力、锻炼交际能力和提高管理能力等。

外派人员的甄选标准包括以下几点。

1. 文化适应能力

外派人员需要具有跨文化经验，能够快速适应外国文化。大多数国际管理者一开始到海外的时候都比较兴奋，对周围的事物感到新鲜好奇，这个时候他们正处于"蜜月期"，对于出现的问题会积极应对，但经常不知道从何下手。几个月之后，随着各种文化冲突的出现，他们会开始产生沮丧低落的情绪，在新环境里感到无所适从，处于"痛苦期"。他们对他国文化慢慢开始由好奇转向排斥和抵触，比较焦虑和痛苦，工作的积极性和效率也开始下降。但是，这也可以被视为一个好兆头，说明他们开始融入新文化环境，而不是使自己和新环境隔离开来。

随着这一尝试阶段的结束，外派人员开始进入"适应期"。适应能力不那么强的外派人员可能会因为难以克服工作和生活障碍，返回或试图返回母国。适应能力强的外派人员，则会克服各种困难，逐渐融入他国的文化环境中，工作也开始进入状态，这将有利于管理人员更快且更好地担任工作岗位。随着时间的推移，"交融期"出现，外派人员基本克服了文化障碍，他们会渐渐熟悉周围的环境，基本适应东道国的文化和生活，进而成为其中一分子，工作绩效也逐渐提高(戴卫东等，2011)。

2. 年龄、经验和教育背景

大多数公司在选择外派人员时，都会尽量在年龄和经验之间找到一个平衡点。一般来说，与年长一些的管理人员相比，年轻的管理人员更热衷于国际外派任务。但是，年轻的管理人员一般在管理经验和技术掌握上相对不成熟，他们缺少实战经验和相关知识。为了取得理想的平衡点，很多企业会派遣既年轻又有相关经验的管理人员到海外任职。

3. 家庭因素(配偶和其他亲属)

企业在挑选外派雇员时，配偶和其他亲属的态度也是其中一个重要的考虑因素。根据对美国、欧洲和日本外派情况的调查研究发现，被调查者认为配偶难以适应新环境是外派失败的一个重要因素，而家庭生活对外派雇员的工作有着直接和独特的影响。困扰外派员工的家庭难题主要有情感与婚姻危机、家庭角色难以履行和职业成功与家庭幸福不同步(谢雅萍，2008)。

4. 领导能力

领导能力指的是能够影响他人的一种能力，在挑选外派雇员时，这是一个重要的衡量标准。当企业在判断员工是否有足够的领导能力胜任海外职务时，往往会从成熟度、情感的稳定性、沟通能力、独立能力、主动性、创新能力和健康状况等方面进行考虑。通常如果员工在以上方面能力突出，在母国又是优秀的领导者，那么企业会认为该员工到海外也能很好地完成任务。

跨国企业一般怎样甄选外派人员呢？常用的方法有面试，有时还会对其配偶及家人进行面试；人格和心理测试，衡量其适应能力及情感的成熟度；过去的成就等。面试是几乎所有跨国企业在甄选外派人员时会采用的方法。许多跨国公司会通过面试、测试、评估、试用、推荐等多种方式，对外派候选人员的综合能力和素质进行全面的评估(曹礼平和李元旭，2008)。

5.3.2 外派人员的培训

随着人力资源管理理论和实践的发展，传统的培训方式似乎已不能满足外派人员的需求，目前外派员工的培训有三种方式：所在国的现实培训、全球性心智模式培训、多媒体/基于互联网的培训(王明辉和凌文辁，2004)。

1. 所在国的现实培训

所在国的现实培训是指外派员工到达东道国后进行的跨文化培训，或者是针对外派人员所遇到的突发事件而进行的针对性培训。在从不同角度分析外派过程后，国际人力资源管理领域的研究者指出了到达东道国后早期阶段持续跨文化培训的重要性。一些研究者指出，外派人员到达东道国后进行的跨文化培训可能比外派前的培训更有效。此外，外派人员在东道国会不可避免地遇到突发事件，而外派前的跨文化培训往往不会涉及所有原则、所有规范、所有跨文化中的"灰色领域"，或者向外派人员提供在东道国会遇到的所有突发情况的答案。所以，外派人员在到达东道国后仍需要更多的教育和培训，以恰当地处理他们遇到的突发事件。

2. 全球性心智模式培训

全球性心智模式培训的根本目的是拓宽个体的思路，以便超越过去那种限于本地区的狭隘眼界，从而形成一个可以包容全世界的心理图式。尽管这种培训常集中在管理者身上，但对普通员工或外派人员也同样具有可适性。全球性心智模式的培训主要涉及下列三个方面。

(1) 利用公司回派人员的作用。回派人员是指在外派到期后，从所在国返回公司总部的管理者或员工。这些人员一般具有较好的全球性视野、丰富的海外市场经验和良好的外语能力，对公司形成全球性心智模式具有重要的指导作用。然而，大量证据表明，即使有较早外派历史的北美和欧洲的跨国公司也并没有充分利用这些回派人员。在运用回派人员经验时，公司人力资源部门可以定期组织研讨会。在研讨会中，这些回派人员可以给公司那些即将外派的管理者和他们的家庭传授海外生活的经验。

(2) 海外实地实习。国际派遣费用通常很高，以至于在一些公司这种方式仅限于一部分执行官和有潜力的员工。对于那些一般的员工，培训他们的全球性心智模式，短期实地实习是一种良好的途径。实地实习的核心思想是把员工置于外派国亚文化圈一段时间 (时间的长短适当)，这既能保证员工学习到当地人的行为方式，又不至于让宝贵的时间被浪费。一般可设计为期一周的跨文化实地实习。这种方法本身具有模拟性，能使涉及此实习的员工在一定程度上"沉浸于国外的文化"，而他们又必须在陌生的环境中有效整合不同的社会系统和功能，处理文化多样性。因此，海外实地实习能帮助员工形成全球性领导技能，如减少主观偏见、拓宽视野和提高人际交往能力。

(3) 评价中心技术的运用。同其他管理工具相比，评价中心技术由于时间长、费用高，通常不被公司采纳。但评价中心技术具有很多优势，除了能用于传统的人员选拔、员工培训和职业生涯规划外，还能够给管理者提供海外派遣的态度信息、确立企业全球导向的企业文化、形成企业员工的全球性心智模式。近年来，研究者设计了特殊的评价中心技术并将其应用在国际商业派遣中，如运用许多跨文化角色扮演、案例研究、小组讨论和国际谈判模拟来测量候选人对不确定性的容忍度以及候选人的目标导向、交际能力和元沟通技能等，以此来评估外派候选人的跨文化能力。

3. 多媒体/基于互联网的培训

随着科技的发展，网络和计算机的应用使人们在日常生活中的学习更加方便、快捷，大量的教育软件被开发出来帮助人们提高学习效果。与此同时，多媒体软件和基于因特网的培训也被应用到外派员工的培训中。在外派培训使用的多媒体软件中，有两种软件较为著名，一种是由 Park Li 公司出品的"衔接文化 (Bridging Cultures)"软件，另一种是由 Trompenars Hampden-Turner 公司出品的"文化指南 (Culture Compass)"软件。

案例5.1：华为海外人员派遣①

1. 华为人在冰岛

2007年12月，某员工被临时抽调到位于北极圈边缘的国度——冰岛，且在冰岛一待就是8年之久。该员工当时既激动又害怕，激动的是终于有机会出国了，但是又担心自己无法胜任这一工作，语言障碍、新的环境等各方面对于他来说，都是巨大的挑战。冰岛气候寒冷，就算是在最热的夏天，也要穿上秋装，天气又多变，有时早上阳光灿烂，转眼又会下雨、下雪。出行有时会受到很大影响，常遇上暴风雪，封路也常有发生。

对于该员工来说，生活的不便是最难克服的。单位没有食堂，他只能自己做饭；冰岛的公交不发达，因为工作忙，有时只能周末去买菜，他经常一个人扛着粮食走路回宿舍。语言障碍带来的问题，在生活中也是无处不在。譬如理发，剪个什么发型，理发师的理解和他说的常常是两回事。为此，他在国内买了理发的工具并带到冰岛。同事们之间互相理发，到后来，该员工及其同事剪得比理发师还好。

2. 华为人在伊拉克

一提起伊拉克，很多人马上就会想到安全问题。2006年底到2007年初，枪战、爆炸、绑架事件在巴格达时有发生，某员工正是在此期间外驻伊拉克。为了公司员工的人身安全，市场部人员悉数搬到了中国大使馆所在的曼苏尔大酒店。大使馆的工作人员在房间的阳台上堆放了装满水的矿泉水瓶，作为防御工事。他们说流弹有时会打到房间里面，但是遇到水会明显减速。该员工当时还在想，他们这是太紧张了吧。有一次他在房间里，还真的有一发流弹打到他的阳台上，该员工这才意识到，原来危险真的就在身边。还有一次，他的两个同事和伊拉克电信客户一起去银行办理业务。他们刚进银行，门口就发生了爆炸。他们跟着人群跑进去，躲到了厕所里面。五分钟后又发生了一次爆炸，后来他们是踩着其他人的尸体走出来的。一开始该员工担心这件事会对这两个年轻的小伙子造成心理阴影，想让他们放假平复一下情绪，但是，出乎该员工意料的是，他们第二天又全身心投入到工作中。

3. 华为人在巴基斯坦

2010年，某员工选择外驻巴基斯坦，虽然很多外派员工更愿意选择去发达国家，但他觉得去巴基斯坦更有利于自己事业的发展。当时整个团队的氛围和绩效都挺好。2011年伊始，该员工担任了企业业务部部长。那时业务部刚刚成立，什么都要探索，他们摸着石头过河，一系列问题摆在眼前，需要一一去解决，如跨文化组织的建立、本地员工和外国员工的和谐共处、不同文化背景人员的融合、新市场的开发、不同渠道的建立等。开拓企业业务意味着要不断地开发新的客户和渠道。那时候，该员工拜访了很多客户，建立了很多客户关系，打通了不少客户渠道，自己也觉得小有成就。巴基斯坦的项目竞争比以前其他项目复杂得多，必须要细致，也需要客户关系的支持以及过硬的项目运作和应急解决方案，每一个细节都不容忽视。那时他与同事间是一种兄弟般的情谊，他们一起拼命奋斗做项目，员工自己的能力也得到提高，他觉得很充实，也很快乐。在那段时间，他很喜欢

---

① 案例来源：根据华为公司前员工的访谈整理。

去体验当地的风土人情。有一次，他自己一个人背着背包到巴基斯坦的北部旅行。那里的人热情好客，他们请他到家里做客，请他吃杏干，给他倒水喝。

4. 华为人在尼日利亚

2004 年的中秋节，某员工第一次到尼日利亚工作，他的项目几乎从零开始，一切都要靠自己。拉各斯代表处的员工不到 30 人，他们在一个居民楼里办公，食堂设在旁边的另一栋楼里，当时条件艰苦，食物按时按量供给，错过了时间可能就没有饭吃。非洲非常缺水，他们宿舍的生活用水每星期靠水车过来补给一次，有时水车坏了，他们没有水洗澡和做饭，就自己打井取水。买不到水果，他们就自己种果树，市场上买不到肉，他们就自己养了几只羊。

他们在工作上也是困难重重，客户那边的技术主管提出了苛刻的规范要求，很多产品都规定了具体的尺寸。技术规范采用的是英语表述，打印出来有 50 厘米厚。该员工之前没有任何相关的经验，为了能和客户进行交流，他和其他同事每天晚上都恶补技术规范。他们每人负责一部分以作为学习任务，学习后再讲给其他人听，之后进行问答考试，答不上来或答错的人要请其他人吃饭。后来，他们终于能够慢慢与客户进行高效的谈判了。

第6章 外派人员文化适应

在跨国企业经营过程中，外派人员对外派国的文化适应情况也需要被重点关注，外派人员若能够较好地适应当地文化，则有利于其工作的顺利展开，否则，会增加其工作的困难程度和本人的返回意愿。本章将着重介绍文化适应与文化不适应的相关内容，并针对文化不适应提出相关建议和措施，以帮助外派人员能够更好地适应其他国家的文化。

6.1 文化适应与文化休克

6.1.1 文化适应

1. 文化适应的定义

文化适应（culture adjustment 或 adaptation，也可被译为"跨文化适应"）是反映文化特性和文化功能的基本概念。不同的文化群体在直接或者间接碰撞过程中，文化群体中的一方或者双方因为发生碰撞而产生的变化或者调整就是文化适应。这是雷德菲尔德（Redfield）于 1936 年对文化适应下的定义。

美国文化人类学家 White（1949）对文化适应的定义进行了拓展：文化是特定的动物有机体用来调适自身与外界环境关系的明确而具体的机制。文化对环境的适应可以分为三个方面：对工具和技术的适应、对组织的适应以及对思想观念的适应。那么，什么是组织适应？有了人类群体就会形成社会组织，而人们对于群体的协调、改变、融合等被称为组织适应。什么是思想观念适应？思想观念是对物质的反应，同时它又会反作用于物质；当环境产生变化后，思想观念也会随之变化，而怎么适应和协调这种思想观念的变化，就是思想观念适应。

1990 年，加拿大跨文化心理学家约翰·贝里（John Berry）分析了不同人群的文化适应策略，并在此基础上形成了他的文化适应模式理论。贝里认为，个体跨文化策略的选择主要由两个因素决定：一是个体对保持自己原有文化传统和身份的态度；二是个体寻求在新环境的主流文化中建立新的人际关系的模式。这两种因素的相互作用形成了四种不同的文化适应策略或模式：同化（assimilation）、分离（separation）、融合（integration）和边缘化（marginalization）。

(1)同化是指个体不希望保持原有的文化传统和身份，寻求与新环境中的人们进行日常交往，试图建立新的人际关系。

(2)分离是指个体希望保持自己原有的身份、习惯和文化传统。

(3)融合是指个体希望保持自己原有的文化传统，同时也接受新文化中的一些价值观和行为方式。

(4)边缘化是指个体对保持自己原有的文化传统没有兴趣，也不认同新文化中的价值观和行为方式。

最健康合理的适应模式为融合，最痛苦的适应模式为边缘化。4 种文化适应模式见表 6-1。

表 6-1　文化适应模式

		保持原有文化程度	
		高	低
接受当地文化程度	高	融合	同化
	低	分离	边缘化

贝里的理论为早期理论。此理论的缺陷有两点：①跨文化适应作为人类一项长期而复杂的心理活动，仅仅被划分为 4 种类型，显得过于粗糙；②外派人员无法主动决定使用哪一种适应策略，而这主要取决于新文化环境中主流群体对外派人员的接受度。因此，Berry(2001)后期在早期理论的基础上又增加了一个维度：新文化主流群体对外派人员的接受度。主流文化群体态度见表 6-2。

表 6-2　主流文化群体态度

		保持原有文化程度		新文化主流群体对外派人员的接受度	
		高	低	高	低
接受当地文化程度	高	融合	同化	多元文化	种族隔离
	低	分离	边缘化	熔炉	排斥

2. 跨文化适应的对象

有研究将跨文化适应的对象分为两类：一类是长时间生活在某一社会环境中的不属于该社会文化群体的个体，如移民或者难民；另一类是短时间居住在某一社会环境中的不属于该社会文化群体的个体，即"旅居者"，如旅行者、商人、外交人士、学生等。在适应的过程中，他们会遇到心理上的不良状况，如抑郁等。人在遇到困难时会自然地产生压力，不同的个体在面临这种压力时会有不同的反应(李航莉，2016)。

早期的跨文化研究主要针对移民情况展开。1903 年，美国研究者发现，抑郁症患者中高达 70%是移民，而移民人口当时只占美国人口的 20%，这说明当时移民在面对跨文化适应时，的确有心理上的负担，从而影响到身体健康。当然这个问题不能简单地从一两个方面来说明，但总体来说，当遇到异文化冲击时，每个人都会不同程度地产生对文化适应的压力和困难。留学或者在海外工作一样都会面临不同程度的跨文化适应。从心理学视角看跨文化适应，其中就有对社会因素的考虑等。不管是在中国的外国学生，还是去外国的中国学生，他们都会在教育、社会文化和交际方面面临挑战和困难。跨文化适应涉及的不是简单的日常生活，而是具有互动性的，是思想和情感上的相互交流。

3. 双重文化认同

美国人口普查结果表明，到 21 世纪中期，美国的白人群体将不再占据主体地位。拉丁裔文化、亚裔文化、黑人文化在美国社会中的权重将占据大半江山。因此，学者们预计，届时将出现大量同时生活在两种以上文化环境中的个体。而学者们对这个人群产生了浓厚兴趣，同时还发展出了一些相关理论。其中，双重文化认同(bicultural identity integration, BII)理论针对的就是在两种文化环境中生存了多年的个体。Benet-Martinez 等研究发现，具备较高水平 BII 的个体，仅在进入新文化环境前期，在两种文化环境中被相互对抗的价值观撕扯，之后他们的焦虑感会逐渐消失，并且强烈认同这两种文化(Haritatos and Benet-Martinez, 2002；Benet-Martinez et al., 2006)。该群体在工作中容易取得良好成绩。相反，BII 水平较低的群体，常常会感受到强烈的文化冲突，同时在内心深处对两种文化都有不认同感。而且，无论身处新文化环境的时间长或短，这种不认同感在他们心中都无法彻底消退。所以该群体的焦虑感会更强、压力会更大，不容易在工作中取得良好成绩。

4. 跨文化适应的维度

对于跨文化适应，不同时期这一概念有着不同的划分方式。起初，很多研究认为，跨文化适应是一个简单的一元模型(适应或不适应)，没有维度之分。之后，以沃德(Ward)为首的学者认为，跨文化适应可以有两个维度，分别是心理适应和社会文化适应，其中心理适应重点观察心理反应、心理认同度，即对于不同文化冲击是会产生压抑、郁闷、不认同的负面情绪，还是会产生快乐、积极等正面情绪。而社会文化适应重点强调个体与个体之间的沟通、个体与群体之间的融入，个体是否有归属感、是否可以正常加入这一集体、是否可以接受社会习俗、是否可以和群体内外正常沟通交流以及从事所需的社会活动。心理适应和社会文化适应相互作用，可以相互促进或互相压制，良好的社会适应可以加速心理适应，相反，不良的社会适应会影响和压制心理适应的进程(谭帮学，2017)。

以布莱克(Black)为代表的学者认为，跨文化适应有三个维度，分别是一般适应、工作适应和互动适应，目前这种划分方式被多数学者所认同及应用。

一般适应：重点强调个体对当地自然条件、人文习俗的适应性，如天气、食物、交通、环境、卫生、医疗、教育等。

工作适应：重点强调个体在某国或某区域内进行工作时，对当地企业文化、工作要求、合作方式、同事沟通、任务完成等的适应性。

互动适应：重点强调个体在某国或某区域内与当地人进行社会交往时所感受到的舒适度与熟练感。

5. 文化融合

跨文化适应的概念与文化融合密切地联系在一起，文化融合是指与其他文化群体成员持续接触之后，个体体验到的心理和行为变化。跨文化适应主要涉及进行跨文化接触的人的行为与心理变化，文化融合主要涉及认知、态度、价值观念的变化。

文化融合有两个维度，一个是保持对自己母文化的认同；另一个是保持与当地社会群体的关系。这两个维度整合在一起，可以组成四种文化融合的态度。认为保持自己的文化和与当地社会群体的关系同样重要，是整合的态度；只保持自己的文化，不看重与当地社会文化群体的关系，是分离的态度；看重与当地社会文化群体的关系而不考虑保持自己的文化，是融入的态度；既不保持自己的文化，也不看重与当地社会文化群体的关系，是边缘化的态度。

6. 特质激活理论

"天性与教养"或者"遗传与环境"是跨世纪的经典命题。进入 21 世纪后，特质激活理论(trait activation theory，TAT)被提出(Tett and Guterman，2000；Tett and Burnett，2003)，其不仅是上述跨世纪经典命题的延续，而且从"激活""交互作用"的视角，赋予了该命题新的内涵和生命力。特质激活理论从交互心理学的独特视角，探索了外部情境和个体内在特质间的有机联系，以及这种有机联系对个体行为的预测作用。它为人们理解"人"与"情境"间的动态互动关系，尤其是工作场所中的"人-情境"交互关系提供了一套颇具新意的解读体系。

交互心理学，尤其是美国人格心理学家 Murray(1938)关于压力的论述，为特质激活思想提供了重要依据。交互心理学认为，人的行为是人格特质和个体当下所处情境的函数，是在人和环境的持续互动中共同促发的。它既承认同一个体在不同情境下的行为的一致性，也认可不同个体在相同情境下的行为的相似性。人和情境之间具有某种深层次的内在联系：一方面，个体天生倾向于选择能够给其带来影响的情境；另一方面，拥有某种特质的个体，必须先受到和特质相契合的情境影响，才能表现出某种行为。例如，个体的亲社会行为倾向虽然本来就存在某种差异，但这种差异在不良的同事关系中会变得异常显著。在相互支持的人际情境中，每个个体均会倾向于表现出亲社会行为，但在不良的人际环境中，个体间亲社会人格特质的差异则会带来迥异的亲社会行为结果。这种"人-情境"交互关系为特质激活理论奠定了重要的思想基础。

依据交互心理学，Tett 等(2000，2003)提出了特质激活的思想和理论模型。特质激活思想的提出虽在时间上早于理论模型，但其精髓嵌套在理论模型中。理论模型的发展共经历了基准模型和拓展模型两个阶段。基准模型不仅将特质激活思想的应用范畴立足于组织管理实践，而且增添了对特质激活后果的研究；拓展模型则在包含基准模型全部内容的基础上进行了拓展。

1)特质激活理论的基准模型

特质激活理论的基准模型主要探索工作场所中的人格特质是如何与权变的组织情境进行有机交互作用，进而促使个体表现出相应的工作行为和工作绩效的。基准模型在内容上包括"特质激活"内涵的界定系统、情境的分层系统、与特质表达相关的情境特征分类系统以及激活后果(即工作绩效)的反馈系统。

从图 6-1(路径 1～11)看，特质激活过程(路径 1、路径 3～5 和路径 8 构成的区域)是基准模型的主干和核心：首先，潜藏于个体内部的特质在适宜的工作情境下可被激活；其次，这种被激活的特质可促使个体表达出相应的工作行为；最后，在整个特质激活过程中，个体会获得内在的报偿，即一种在特质激活过程中产生的内在满足感。这种内在满足感会和基于工作绩效获得的外在报偿(路径9)一起重塑个体的工作行为(路径10)。调整后的工作行为则会反作用于环绕在个体周围的工作情境(路径11),从而增强或减弱情境对特质的激活程度(路径3~5),以及特质和工作行为之间的关系(路径1)(Tett et al.,2013)

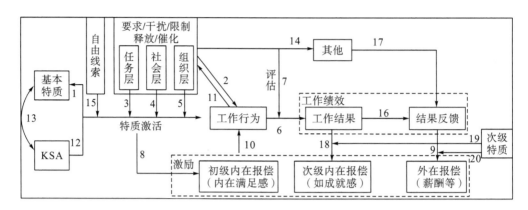

图 6-1　特质激活理论模型图

注:KSA 是对个体的知识(knowledge)、技能(skill)和能力(ability)的统称

2) 特质激活理论的拓展模型

近年来,学界对特质激活理论的关注使得其基准模型越来越难以满足实际的研究需求。因此,出现了大量基于特质激活理论的"非特质类"属性研究,如社会技能、情绪智能、核心自我评价等。此外,研究表明,特质会直接影响个体的内外部激励与工作行为或绩效之间的关系,但基准模型却未充分考虑特质和激励因素的相互作用。促使泰特(Tett)等在全面吸纳基准模型的基础上,提出特质激活理论的拓展模型(图 6-1,路径12~20)。一方面,该模型将知识、技能和能力(简称 KSA)纳入可被情境激活的个体属性;另一方面,其对特质相关线索进行拓展,增添了自由线索层。此外,拓展模型对特质激活后果进行了更加细致的分类,不仅将工作绩效细分为差异化的工作结果和结果反馈,而且还明确提出了"其他"因素在个体获得的结果反馈中的重要作用。

总而言之,特质激活理论认为,任务、群体或组织等情境因素会调节特质对行为的影响,即特质相关情境会提供与特质一致或相反的条件,这能放大或减小特质对行为的影响。可见,"特质"能否被有效地表达为"行为",取决于情境因素能否提供激活线索。目前,不少组织管理研究都证实了特质激活理论的观点,并且发现积极领导因素能够激活下属员工的特质表达。

7. 跨文化适应的影响因素

针对跨文化适应,Lysgaard(1955)通过问卷调查的形式进行了研究,其了解到的影响跨文化适应的相关因素如下。

一是时间维度。Lysgaard 在问卷结果中突出了对时间维度的衡量,即时间长短对跨文化适应所造成的影响会存在时间点上的差异,并且这种差异呈"U"形。

二是心理角度。认知自己的文化和异国文化给自己带来的差异,这种差异形象地通过文化距离表达出来。

三是语言的流利性。对于跨文化适应来说，语言的流利性是重要的影响因素。但是就在海外学习的人来讲，他们基本上都是英语表达水平通过了考核才能到异国进行学习的。因此，对于海外学习者，语言这个层面的考虑相对不是非常有必要(问卷结果也证实了此结论)。

四是人格。人的个性特征对于跨文化适应是一个非常重要的影响因素，积极的人相对能够更好地适应，消极而敏感的人则在适应过程中更加困难。

8. 文化距离对跨文化适应的影响

Babiker 等(1980)提出了文化距离的概念，其用于衡量在旅居者原来所处的文化环境与他现在所处的新文化环境中社会和自然两个领域中的不同，即母文化和新主流文化之间的差异，这种差异会对旅居者的心理文化适应产生一定程度的影响。它被认为是旅居者体验到的压力与他所需要适应的问题的调节变量。Babiker 等(1980)认为，在进行跨文化适应时，当生活变化给人带来压力，母文化与当地文化的差异会起到调节作用。他们同时开发出了文化距离问卷，以测量旅居者自己的文化环境和他所移居的文化环境中社会和自然方面的差异。按照每个文化的社会文化特征，文化可以被视为或远或近的一个连续体。旅居者的文化与居住国的文化距离越远，他们的跨文化适应就越困难。

对于文化距离的测度，绝大多数学者参考的主要是基于霍夫斯泰德文化评估架构的KSI 和 EDI 指数(关于霍夫斯泰德文化评估架构中六个文化维度的具体内容参见本书 3.2节)。

1)KSI 指数

Kogut 和 Singh 于(1988)在霍夫斯泰德的文化四维度理论基础上，结合相关数据，提出了文化距离测算指数 KSI。但随着后来研究的深入，四维度发展到六维度，KSI 指数也随之进行了相应的调整。其计算公式如下：

$$D = \sum_{i=1}^{n} \left[\left(T_1^i - T^i \right)^2 \div R \right] \div n \tag{6-1}$$

式中，D 表示某目标国与所在国的文化距离指数；T_1^i 表示某目标国第 i 个文化维度的指数；T^i 表示母国第 i 个文化维度的指数；R 表示第 i 个维度指数的方差；n 表示文化维度的个数。

2)EDI 指数

EDI 指数，即欧几里得空间距离测算指数。EDI 指数对文化距离的测算同样是基于霍夫斯泰德的文化维度理论；但不同的是，用 EDI 指数进行测算的方法认为每个文化维度对文化距离的影响程度各异。其计算公式如下：

$$\sqrt{\sum_{i=1}^{n} \left(T_1^i - T^i \right)^2} \tag{6-2}$$

式中，各字母的含义与式(6-1)相同。

文化距离能够影响个体在跨文化适应过程中与当地居民交往的能力和意愿。Redmond和 Bunyi(1993)的研究表明，相较于韩国以及中国台湾和东南亚地区的留美学生，英国以及其他欧洲国家及南美的留美学生，更愿意和美国学生积极交往和交流。另外，与当地学生交往的时间与这些留美学生的心理适应呈正相关关系。

但现实中存在文化距离不对称性的情况，如美国人被外派到德国跟德国人被外派到美国，他们遇到的问题会不一样。在美国的德国人比在德国的美国人能够更好地适应。因此，在检验文化距离的不对称性时，在实际中应该考虑文化流的方向。研究表明，在外派者的相互转移中，他们的社会文化适应程度和心理适应程度有很大差别。这告诉我们，在外派者的相互转移中，需要根据文化差异的组合来进行跨文化训练，而相同文化距离下的外派者也并不意味着需要相同的协助。

另外，文化相似也会增加适应的难度。有学者研究了中国香港外派商业管理者在中国内地的适应情况，他们发现，相同的中国文化背景反而使适应难度增加。感知到的文化相似性而产生能够简单、快速适应的预期，会产生挫败和撤退。有研究显示，适应相似文化与适应相异文化一样不容易。当面对相似文化时，外派者需要解决他没有辨认出的问题，当出现了没有预料到的困难时，他会更加有挫败感，更缺乏耐心。而在相异文化中，个体能够忍受出现的问题。

他山之石：中美员工工作差异[①]

在王某的公司，有个有趣的现象，公司会议用的 PPT 或报告等，在文字表达一样的情况下，几乎很快就能辨别出哪些是欧美员工制作的，哪些是中国员工制作的。对于同一个项目复盘所涉及的重点，欧美员工的报告有清晰的逻辑和归纳，最明显的是清晰的数据资料，且非常喜欢以图表形式来做对比，很直观。而在中国员工的报告里，数据资料非常少，他们大多采用描述性的话语进行总结，而不是借图表来说明。这点也同样表现在平时的口头总结中，外籍员工在汇报或谈具体事情时，会以数字举例；而中国员工会用形容词来说明。更奇怪的是，在实际计算中，中国员工的计算能力看上去是远远强于外籍员工的，这点可以从他们进超市买东西上得出结论。

同样有趣的是，在处理问题的时候，外籍员工和中国员工在着眼点上存在思维的不同。例如，在项目执行过程中与合作方有分歧时，外籍员工通常的做法是，看合同，一切以合同为依据，如果合同有利于公司，那一定据理力争，如果不利于公司，则按合同执行。中国员工的第一反应(不是所有，只是这样的情况比较多)则是和管理这个项目的人是否比较熟悉？他是否可以在这个事情上给予一些帮助。当然，合同也是要看的，这个时候，若合同不利于公司，那么凭借平时的人际关系是否可以再争取对方的体谅？如果合同有利于公司，他们的思维又不同了，可能还会考虑这样理直气壮地去争取，是否会有碍于双方的长期合作关系。

一般而言，母公司通过外派管理人员能实现对子公司更多的掌控。作为外派人员，尤其是较年轻的外派管理人员，他们对自己的职业发展是有规划和较强的自我驱动力的。外派期间，他们将全部精力投入自己的事业中，工作占据了他们很多生活时间，他们都希望

---

① 案例来源：根据某公司员工的访谈整理。

能顺利完成外派任务，取得好业绩。因此，在工作上，他们反应敏捷且应对高效。大部分中国员工对工作的投入和牺牲是他国员工不能理解的。与此形成鲜明对比的是，像荷兰员工，他们有比较明确的工作时间和私人时间，很自然地将两者分开，通常很少有加班这种情况，下班后的邮件通常也是第二天才处理。尤其是关于休假，两种文化背景的员工的认识和处理也很不相同。例如，中国文化背景的外派员工即便在休假时也会及时处理邮件、落实需要解决的事项；而荷兰员工在有些事情需要紧急处理的情况下，依然可以关机去休假且不会抱有任何愧疚心理。这就很容易出现不理解，而这样的行为通常会被解读为没有认真对待自己的工作，或者没有做到全力以赴。

因为外派工作的复杂性，外派管理人员一般能够理解母公司交予的工作任务以及工作时间的不确定性。在荷兰，每一个人都有自己的一个日程本，上面清晰地规划了所有预约事项和安排，因为所有事情都是提前被规划好的，所以通常不会出现临时调整。荷兰人认为，临时调整会给他们带来不便和压力。例如，通常荷兰员工会提前告诉公司自己的休假计划，让公司审核和批准，但有时因为项目发生临时状况，有很大可能需要该项目的负责人留守项目。如果是外派人员，他们几乎是第一时间会取消自己的私人休假安排并留守岗位。而荷兰员工则认为已经安排好的休假是非常重要的，这不仅仅是他们的个人计划，还是家人的计划，在不牺牲个人安排的情况下，需要另想办法来解决这样的冲突。而这种在工作方面的不同价值观，作为外派管理人员来说是较难理解的，也会增加他们在管理方面的难度和压力。

类似的情况，美国员工则表现得更为自由和自我。例如，在公司有出差任务的时候，有员工不止一次因为家里无人照看其饲养的宠物而向公司提出不能完成出差任务。从工作角度讲，这样的行为比较难以理解，就中国团队的管理方式而言，这是属于员工自己需要私下去处理好的事情，不应该影响工作安排，且容易被认为是该员工并不太在意这份工作。经过沟通，公司发现，该员工在对待动物的态度上是非常认真和负责的，她认为这是对生命的尊重，并不是不重视工作，她认为一切有生命的物质都享有优先权。在她的世界里，并不存在我们中国员工所认为的要工作优先、工作为重，然后再妥善处理私事这一过程，她对于这两件事情有她自己的优先顺序。并且，该员工也充分表达了她对这份工作的喜爱以及这份工作对她的重要性。

6.1.2　文化休克

1. 文化休克的定义

文化休克(cultural shock)的概念由世界著名文化人类学家 Oberg (1960) 最先提出，也被译为"文化冲击"。该概念在被提出后受到了理论界和实业界的高度认可和重视，许多学者都对它进行了研究。综合学者们的定义，文化休克是指外派人员在进入一个新的国家（不同的文化，也可能是不同的语言）后，由于失去了自己熟悉的社会交往信号或符号，对对方的交往信号或符号也不熟悉或者难以理解和接受，从而在心理上和情感上产生深度焦虑感、失控感、迷失感、无助感、压抑感、挫败感，甚至恐惧感。同时，与之相伴的是精疲力竭、麻木、沮丧、极度思乡(祝金龙和石金涛，2009)。

2. 文化休克的症状

文化休克的具体症状体现在许多方面，不同的外派员工会产生不同的症状。一般而言，比较常见的症状有以下十种。

(1)难以适应角色的变换。外派员工在异国文化中丧失了自己在母国文化环境中原有的社会角色，因此变得情绪不稳定。

(2)语言障碍带来诸多烦恼。语言障碍造成理解、沟通和交流极度不便，甚至经常产生误解，给外派员工带来诸多烦恼。

(3)人际关系的巨大变化造成社会性心理孤独。外派员工在海外举目无亲，与当地员工之间又存在隔阂，由此感到极度孤独、无助，极度思乡。

(4)无法理解和接受东道国的思维和行为方式。

(5)外派员工难以适应东道国的生活方式、生活习惯等，自身感到备受煎熬。

(6)行为上无所适从。母国与东道国文化习俗上的巨大差异，让外派员工感到无所适从。

(7)期望悬殊带来巨大心理落差，产生失落感。对外派工作的美好期待与经历的真实情况之间差距太大，难以接受，感到十分沮丧。

(8)产生压抑感和挫败感。价值观、管理方式上的差异导致矛盾和冲突，外派员工感到工作不顺心，不能充分施展才能，内心不断积聚矛盾，十分苦恼与失落，产生强烈的压抑感和挫败感。

(9)身心的高度疲惫导致生理不适。工作和生活负荷太大让外派员工长期处于体力和精神双重透支的状态，他们感到十分疲惫和身心交瘁。

(10)面对各种陌生的环境，需要做出大量的决策，解决各种各样的问题，太多需要操心的事令外派员工不知所措。家庭与事业的冲突更是让外派员工备受煎熬。

3. 文化休克的五个阶段

当外派员工进入东道国，其经历的文化休克一般有以下五个阶段。

(1)蜜月阶段。初到异国他乡，对所见所闻都感到新鲜。

(2)降温阶段。对新奇的事物逐步见怪不怪，孤独感开始加剧。

(3)走向深渊阶段。这一阶段，外派员工的身心状态将陷入低谷，他们对他国的生活习惯、文化习俗特别不适应，各种矛盾和冲突激化，各种问题不断涌现且员工无力解决。"孤立少援"让外派员工极度思乡，他们产生严重的失落感、挫败感，感到失望、沮丧、焦虑。

(4)恢复调适阶段。外派员工开始走出阴霾、振作起来，沮丧、烦恼和焦虑慢慢消退，他们慢慢适应了新的文化环境、当地的风俗习惯，逐渐能与当地人和睦相处。

(5)游刃有余阶段。在经历了前四个阶段之后，外派员工能够应对并克服各种文化挑战，可以游刃有余地在海外工作和生活。

6.2　加强文化适应的措施

减轻和战胜文化休克，是外派员工面临的巨大挑战，也是企业成功实施跨国经营战略的关键之一。一般而言，可以从以下几个方面来着手减轻或消除文化休克，以提高外派人员的文化适应能力。

1. 培养和选择合适的人员为外派员工

经理外派已成为企业跨国经营的一种趋势。因此，企业在发展过程中，需要有意识地培养跨文化的经理人，增强潜在外派员工的文化敏感性和文化适应性。

选派海外经理人，要充分考虑文化因素，尤其要充分考虑外派员工的文化适应能力，尽可能选择合适的人员为外派经理。例如，如果东道国的权力距离较小，则应选派民主型、关怀型领导；反之，则应选派威权型领导。

2. 做好外派员工的跨文化培训工作

在基本选定外派员工后，认真做好外派员工的跨文化培训工作十分重要。有效的培训对于帮助外派员工减轻文化休克大有裨益。跨文化培训的形式和内容有多种，需要企业结合实际进行选择，比较有效的培训形式有以下三种。

1）外派前参观访问

在正式外派前，组织潜在的外派员工及其家属对即将外派的国家进行参观访问，让外派员工及其家属真切感受东道国的生活和文化，获得第一手信息。类似于真实工作预览，外派员工可凭真切体验来发现需要培训的重点，并进行有针对性的培训。此外，当外派员工感到确实难以适应新的文化环境时，可及时反应，让公司选择更合适的人员来承担外派工作。

2）外派前的跨文化培训

外派前的跨文化培训可以采用授课、座谈、案例分析、角色扮演、情景模拟等多种形式，其重点不仅应包括海外东道国的文化习俗、语言等方面，还应包括文化观念方面。尤其是要引导外派员工避开文化中心主义、文化对抗主义和文化保守主义，进而树立正确的文化观。

3）外派后的跨文化培训

比较有效的方法就是聘请"文化顾问"进行专门的指导，帮助外派员工认识和解决遇到的文化差异问题，协助外派员工融入东道国的文化和生活。

3. 积极进行跨文化沟通与融合

外派员工在进入东道国并开始海外工作时，需要积极进行跨文化沟通与融合，积极主动地融入海外的文化习俗。

1）跨文化沟通

进行跨文化沟通是减轻文化休克的重要方法（跨文化沟通相关具体内容参见本书 6.3

节）。外派员工首先要树立积极进行跨文化沟通的意识，同时，要注意针对背景文化的不同而选择不同的沟通方式。在像日本这样的高情境文化环境中，信息的传递与沟通是通过肢体语言、上下文联系、场景等进行的，沟通过程显得含蓄而不直接，沟通的效果往往取决于接收者对信息的诠释。而在欧美等低情境文化环境中，大多数信息是通过清晰的符号（如语言、文字、符号和各种象征性的图案）来表达，沟通过程直截了当，信息往往较为准确。外派员工须在搞清楚背景文化后，再针对不同背景文化中人们的习惯来采取适当的跨文化沟通方式。

2）跨文化融合

文化的交流、碰撞、融合是文化发展的必然要求，不同的文化具有各自的优势和不足，各种文化需要相互交流和融合，取长补短。外派员工看待不同的文化要用中立、客观的眼光，避免偏见，要积极地融入东道国的文化。若采取积极的融合式方法，外派员工将彻底走出文化休克的阴影，成为能够应对多种文化冲突的全球化经理人。

4. 正确认识文化休克，提升心理适应力

外派员工需要正确认识文化休克，并积极乐观地去面对，要认识到文化休克并不是一种疾病，克服文化休克是一个学习的过程，也是一种复杂的个人体验。

5. 为外派员工提供必要的支持

来自母公司的有力支持将是帮助外派员工减轻并战胜文化休克的有力保证。组织通过帮助外派员工寻找合适的住房、帮助外派员工子女找学校、为外派员工配备"文化顾问"、为外派员工提供良好的工作条件和薪资待遇、为外派员工设计好职业发展通道、与外派员工保持良好的沟通与互动等一系列支持措施，不仅能对外派员工产生良好的激励作用，还能帮助外派员工解决在海外经营中面临的突出问题，帮助外派员工减轻并战胜文化休克。

除了建议从以上五个方面来着手提高外派人员的文化适应能力外，McCall 和 Hollenbeck（2002）还总结得出了一些实用性的经验。他们在访问了 101 位在世界著名跨国企业中践行全球化职业生涯的经理人之后，编写出版了《培养全球化高管：国际经验教训》（*Developing Global Eexecutives：The Lessons of International Experience*）一书。这本著作归纳了 101 位成功经理人的跨文化适应经验（表 6-3）。并且，在分析完访谈结果后，两位学者找到了一条很关键的信息：从半年以上的跨文化生活经历中得到的生活或工作经验可以在员工的潜意识中将其理论化，并且员工会不自觉地将其运用到新的跨文化环境中，这使得员工在新的跨文化环境中的适应更为迅速。

表 6-3 全球化职业生涯的经理人的跨文化适应经验整理

跨文化适应经验
①在一个国家行得通的办法，在另一个国家不一定有效
②国家之间的不信任程度很可能超过预期
③习惯东道国人民表现出的民族主义或者种族意识
④不同国家、不同民族的人的价值观会有很大差距

续表

⑤即使自身非常不认同外驻国人民的生活方式，也要示以尊重

⑥学会适应当地的社会和自然环境

⑦在东道国生活和工作时，学会妥协

⑧乐于与人打交道，并尽量做到相互理解

⑨守护好自己的道德底线和价值观

6.3　跨文化沟通

6.3.1　跨文化沟通的定义

跨文化沟通(cross-cultural communication)，即拥有不同文化的人群在相互交往中所进行的沟通行为。这一概念的出现，源于全球经济一体化格局的形成，在国与国之间日益频繁的交流中，首先便是文化互动。

实质上，跨文化沟通与普通沟通的过程是一致的，即"信息生成—传播—接收"，且传播途径呈现出多种形式，如翻译、解码、邮件、电话等。但相较于普通沟通，跨文化沟通的双方或多方是来自不同国家、地区、种族的群体，由于他们有着各自风格迥异的文化背景，信息、思想的传播途径也将带着深厚的文化习性，具有较强的复杂性。例如，语言的传递，除了需要翻译外，更重要的是其中还包含着非语言的内容，如动作、礼节等。

任何一种文化都有着独特的特点，同一个手势或表情可能在不同文化背景下所表达的含义千差万别。因此，在跨文化沟通中，信息、思想是由处于一种文化背景的成员发送给处于另一种文化背景的成员，其间它们需要经过解码、翻译等途径才能被接收者真正理解。另外，也有学者从社会学的角度对跨文化沟通的概念进行界定，提出跨文化沟通除了要实现不同文化背景成员间的信息共享外，更为重要的是要实现情感上的交流，否则信息与思想难以被真正理解。因此，他们提出了"认知—情感—行为"的思想传播路径。

跨文化沟通理论在发展中，衍生出了沟通与社交方式理论。该理论提到，沟通是复杂的，人际交往中信息是多方面的。我们需要根据某些因素(如沟通内容和沟通过程中的某些特点)弄清楚沟通的方式和沟通的主要对象，结合多方面因素进行沟通方式的选择。在不同文化中人们的沟通方式不同，对沟通方式进行一定的分类，有助于我们更好地沟通。

如果我们在跨文化沟通中找到影响顺利进行沟通的元素，并且能够对其进行有效消除，便可促进跨文化沟通顺利进行。

6.3.2　文化差异对沟通的影响

在进行跨文化沟通时，我们对对方文化的了解程度可能出现三种情况：完全陌生；有一定了解，但过于简化或不准确；比较全面的理解。在这三种情况下，对应的沟通方式不同，分别表现为文化迁移、逆文化迁移和文化定势(陈国海等，2017)。

1. 文化迁移

文化迁移是指在跨文化沟通中人们下意识地用本民族的文化标准和价值观来指导自己的言行和思想，并以此为标准来评价他人的言行和思想，从而形成文化干扰，造成误解，给交际带来困难，甚至导致交际失败。文化迁移一般分为表层文化迁移和深层文化迁移，表层文化迁移一般很容易被观察到，如词汇的文化迁移和言语行为交际模式的文化迁移等。深层文化迁移则指发生在深层文化层面的世界观和价值观等心理方面的迁移，而由此引起的社会语用失误虽不如语言语用失误明显，却会对交际的顺利进行起到很大的制约作用。

1）文化迁移的形式

不同民族具有不同的文化，不同文化之间既有联系又有区别，既有各自的个性又有普遍的共性。共性为跨文化交际提供依据和保障，个性却构成跨文化交际的障碍，进而引起文化的迁移。文化迁移按文化意旨可分为以下三种。

（1）文化信息的增值。交际的一方或者双方获得的文化信息量超出了发送人所赋予的文化意旨，即接收者除了赋予发送人所要传达的意旨以外，还附加了发送人并未传达的意思，或接收者把发送人所要传达的某项较弱的意思人为地强化了。例如，"你饿了吗？"在汉文化中是一种寒暄语，类似于英语的"Hello"。但对于不了解汉文化的英美人来说，此话并非寒暄语，他们会理解成对方想邀请自己吃饭，这样文化意旨就增加了。

（2）文化信息的减损。交际的一方或双方获得的文化信息量少于说话人所赋予的文化意旨，即接收者弱化了发送人传递的文化信息。例如，有个中国学生去拜访他的美籍教师，他的开场白是："Are you free this afternoon？"他的美籍教师感到很奇怪，心想："It's none of your business。"对于美籍教师来说，他是否有空与你无关。

（3）文化信息的误解。交际的一方错误理解所赋予的文化意旨时，就产生了文化信息的误解。例如，对于英美人来说，中国式的谦虚行不通，中国人的过分自谦，让英美人的一系列夸赞无处安放。明明是真心实意的夸赞，在中国人的谦虚面前却显得无比虚假。

2）导致文化迁移的因素

导致文化迁移的因素有很多，但大致可以分为两大类，即文化背景不同和思维方式不同。

（1）文化背景不同。文化具有民族性，各民族都有自己的文化，每种文化都有独特的风格和内涵。每种文化在其准则、规范和行为模式的表层下，都有着整套的价值系统、社会习俗、道德观念、是非标准、心理动向等，正是它们决定着语言的使用。西方文化重个人、重竞争，突出表现自我。在这种文化中，个人偏好的生活方式受到高度重视，个人的情绪、愿望、目的和隐私都得到特别的尊重，并得到突出的表现，这是西方文明的产物。中国文化强调个人在群体中的适当地位和适当的生活方式，家庭成员和家庭是社会的基本组织形式，成员在家庭中的地位取决于他的辈分，在此基础上经过长期发展形成了中国重集体、重伦理的文化传统。在这种传统中，个人的情绪、愿望、目的、隐私等相对于群体来讲无足轻重，它们必须让位于对群体的考虑。

（2）思维方式不同。思维方式是人类文化的重要组成部分，是人类文化的最高凝聚，也是人类文化现象的深层本质。英美人与中国人在思维方式上具有较大的差异，英语的话语结构呈直线形，汉语的修辞结构呈螺旋形。英美人在说话和写作时先有主题句，然后自然衔接一个例证句，最后结尾，或与此相反；中国人在说话和写作时，不直接论证段落主题，而是在主题外围"团团转"，从各种间接角度来说明问题，这使英美人感到困惑不解，他们觉得中国人在说话和写作时"重点不突出，缺乏连贯性"。

2. 逆文化迁移

文化差异从沟通的角度来讲，就是符号编码或解码规则的不一致。静态地看，在一次具体的沟通过程中，如果双方都对对方的文化一无所知，那么显然会出现以己度人的情况；如果双方都对对方的文化很了解，并在假定对方编码或解码方式不变的前提下去适应对方，即发送者 A 将自己的编码规则调整为接收者 B 的，同时接收者 B 也将自己的解码规则调整为 A 的，那么编码和解码规则不一致的问题只是换了一种方式存在；只有当其中一方的解码或编码方式不变，另一方主动适应，即同时采用 A 或 B 的，或者双方共同商定采用新的规则 C 时，沟通才能顺利进行。因此，文化差异是导致跨文化沟通出现障碍的主要因素，尽可能全面了解文化差异是人们在进行跨文化沟通时应关注的重点。然而了解了对方的文化特征，也不一定就会避免沟通障碍的产生。

逆文化迁移不是指沟通双方对文化差异一无所知或忽视，而是指沟通双方同时放弃了自己的立场，而采取了对方的立场，使编码与解码方式出现了新的不一致。这与文化迁移很相似，但是却以反向的形式出现，但同样导致了问题的产生。成功的跨文化沟通要求我们不但要了解文化差异，还要了解文化差异在沟通中的作用机制，努力使双方达成一致，实现成功的交流，防止文化逆迁移。

3. 文化定势

文化定势也称为文化定型（cultural stereotype），最早是由 Lippmann（1997）在 *Public Opinion* 一书中采用的术语，指的是人们对另一群体成员持有的简单看法。文化定势可能是由过度泛化导致的，即断言群体中的每一个成员都具有整个群体的文化特征，它也是一个民族或种族对其他民族或种族所持有的预想导致的成见，如大多数人会认为中国人吃苦耐劳、英国人保守刻板、美国人开放随和；也可能是由忽视文化具有动态性和变迁性引起的，如以前中国的社会、荣誉、地位、重要的社会职位都属于老年人，而现在这些职位大部分被年轻人抢占。文化定势常常左右人们对对方的理解。可惜的是，这样的认知定型很可能导致跨文化商务沟通的失败，因为并非一种文化中的每一个个体都带有这种文化的所有定型特征。如果将定型的认知模式套用于某种文化中的所有个体，那么必然会碰到意想不到的困难，毕竟同一种文化背景的人的个性也是千差万别的。

消除文化定势给跨文化交际带来的消极影响，要求商务人士具有良好的世界各国文化知识储备和博大胸怀，与人为善，以实现商务交际为最终目的，打破定型思维和偏见，与不同宗教、文化和种族的各类商人建立起良好的个人关系。

文化定势可能将我们的认识局限于一个或两个凸显的维度，妨碍我们对其他同等重要方面的观察，使我们对客观存在的差异浑然不觉，从而导致跨文化沟通的失败。

6.3.3　跨文化沟通管理

随着世界经济一体化格局的形成，国际交流更加频繁。很多有实力的企业为了占领更为广阔的市场，不断向全球扩张，跨国经营成为其不二选择，且这股风潮迅速蔓延全球。而人员交流通常是跨国企业所采用的人才管理战略中的重要手段，即将优秀的管理人员外派到企业在他国所设立的分支机构中，通过交流合作，深层次地挖掘企业优势，从而推动科技创新、经济效益的提升。从表层上看跨国企业的经营战略，是资本、技术、管理等一系列资源的整合。但从深层次分析，东西方文化的形成经历了漫长的过程，无论是在价值观、语言、沟通等方面，还是在宗教、习俗、思维等方面，东西方文化都存在很大差异。由此，引起了跨文化沟通管理问题。

跨文化管理，也可以被理解为文化的交叉管理。在经济全球化的背景下，跨国企业以子公司、合资企业等形式雨后春笋般遍布于世界各地。因此，在不同文化背景下，跨国企业应尽可能减少、消除不同文化间的冲突与碰撞，促进其相互交融，进而培育企业所独有的文化，打造富有成效的管理行为(跨文化管理相关具体内容参见本书3.1节)。

跨文化沟通管理，同样是一种管理手段与模式，只是更侧重于强化拥有不同文化背景的群体相互交流。不同文化间存在着差异，这是客观存在的，在管理进程中，如何既保留差异又寻求一致，成为现代跨国企业亟待解决的问题。由此便产生了跨文化沟通管理，其最终目的是寻求二者之间的平衡点，从而促进跨国企业的高效管理。

跨文化沟通管理有其复杂性，其既涉及形形色色的文化，还涉及各具个性的个体，因此，这是一门存在于跨国企业之中的管理艺术。

他山之石：沟通方式的差异[①]

大多数中国员工的沟通方式比较委婉含蓄，很在意个人在群体中的形象，以及与同事之间关系的远近、合不合群等，看起来比较能包容。尤其是在群体讨论事情的时候，中国员工不会特别强烈地表达出自己对某个观点的看法，或者在遭遇反对声音的时候始终坚持自己的观点。总的来说，他们比较随大流，会尽可能避免与同事发生正面冲突和矛盾。

王某的公司对子公司的当地员工进行过了解，他们并不认为这种表面上的和谐是促进高效协作的方式，他们认为在工作中没有自己独立的想法，且不能坚持自己的想法而轻易让步的方式是缺乏责任心的表现。他们提到，每个人都应极力捍卫自己的想法，并为此努力提供佐证，若团队中存在不一致的看法，这本身是好的事情，因为双方在争辩过程中会思考对方提到的问题，且能从对方那里获得一个新的视角来思考问题，这有利于达成共识和寻求更好的解决办法。但因为中国员工含蓄且容易让步，很多时候讨论轻易就结束了，以至于盲点和问题依然存在，这种表面上的和谐给之后的工作带来了更多的沟通成本和麻烦。例如，A(中国公司外派员工，包括母公司员工)和B(子公司当地员工)的观点不一致，在双方的讨论中，面对B的质疑，A很快就放弃了自己的立场和观点，B误以为自己的认

---

① 案例来源：根据某公司员工的访谈整理。

识是正确的，于是公司采取了 B 的想法，可在实践中却发现 B 的观点是有局限性的。这时 B 会认为，不是我不听取 A 的意见，A 有责任说服我，让我看到我的局限，这样我们一开始就会有更加全面的评估并采取更加适宜的行动，也不至于现在要重新探讨解决办法，这是非常低效的沟通办法。而 A 的想法是，一开始我就看出了 B 的想法的问题，我也提出了自己的想法，是 B 太固执，听不进去任何建议，我觉得我表达了自己的想法即可，没有必要去争，而且争论还会搞得大家都不开心，我已很尽责地提出问题了，但决策人不采纳是我左右不了的。这种情况，很多外派的中国员工，包括母公司员工都会觉得是由于 B 性格固执，听不进去意见造成如此局面。如果 A 和 B 的职位等级相同，A 甚至会认为，B 在工作中问话的方式直接得已经咄咄逼人了，根本无法沟通。

在王某的公司，员工遇到过很多这样的情况，后来在公司的聚会中，大家谈到对这些问题的看法，以及因为工作沟通上的表现而造成的他们对个人的看法等。他们了解到，出现这些问题的根本原因是大家有不同的文化背景，大家对集体观念的认识不同，对待矛盾的态度不同，进行沟通的方式也不同。在跨文化的环境中，同事之间的认可始于工作，同事之间感情的升华也是随着对对方工作的欣赏而发生的，但欣赏并不等于大家的观点、看法要一致，对方应彼此相互拓宽视野，促成彼此的成长。这样的良好氛围，才能使工作高效，并促进个人和公司长久发展。

在外派管理人员与当地员工的沟通上，尤其是在与美国员工的沟通上，王某公司员工的经验是尽量直接，包括在公司对其的期待和要求上。王某个人(作为公司总经理)曾经碰到过这样一次沟通。一位部门经理在跨部门协作上表现得太热情，所做的事情已经超出了自己的工作范围，且其他部门的工作遭到了过多的干预。于是，王某和这名经理进行了一次谈话，整个谈话中，王某先对这名经理的工作热情进行了表扬(因为并不想打击员工的工作积极性)，并提出每个部门都有自己的职责划分和绩效考评办法，对于这位经理而言，他需要把重点放在自己部门的事务上，因为该部门的工作很重要，他不应分散注意力。同时，礼貌性地，王某也提到，该经理之前为各部门做的很多工作，公司也了解，公司很感谢他对整个团队的付出。王某想的是，她已经以礼貌而又客气的形式暗示这位经理做好自己的事情即可，这位经理会明白她的意思。但没过多久，公司依然收到来自其他部门负责人的反映，他们感觉自己部门的事务被过多干预，这影响了其本该有的工作节奏。后来，王某与这位经理又进行了一次谈话，王某意识到她上一次的方式也许太委婉，对于工作中存在的问题应该直接指出，而这位经理也的确按自己的方式解读了她要表达的内容，他认为公司是担心他精力不够，不能事事参与，而并非他工作跨界造成了影响。

案例 6.1：东非水泥厂工人关于额外报酬的摩擦[①]

某公司马拉维分公司项目上的大小事务都由项目副经理谢经理安排，其员工有闫工、徐工、赵某和其他几人。而赵某的工作量并不多，因此，谢经理经常安排赵某分担徐工的工作，有一次是安排赵某跟随大卡车买水泥。水泥厂在马拉维首都利隆圭的郊区。到达水

---

① 案例来源：根据某公司员工的访谈整理。

泥厂后，赵某告诉水泥厂办公室员工，他们需要装一卡车水泥走。填了单子之后，赵某一行人就到了水泥仓库。但需要工人搬运一个小时，水泥才能装满卡车。搬到最后几袋的时候，有一个搬运工人带了其他几个工人走到赵某面前。带头的工人先向赵某展示了被水泥灰覆盖的双手和口罩，然后对赵某说："看吧，这个工作好辛苦，中国老板给我们发点小费吧。"他说得理直气壮，其他几个工人也慢慢围了上来，好像不付小费就不让赵某走一样。赵某心里有点纳闷，然后问他，是不是以前来买水泥的中国人每次都给小费啊？他说是。

原来徐工之前来这里买水泥时，会给这些搬运工小费。但赵某很不愿意给，他心里想着，首先他们还在这家水泥公司里面，这些工人肯定不敢动手。其次，这些工人本来就有工时工资，公司并不需要额外支付他们劳务费。接着，赵某又想到在斐济做污水管网项目的时候，那些工人为了提高工资，集体跑到临建处闹了一整天，但是负责污水管网项目的周经理还是没给他们涨工资。于是，赵某定了定神，决定这次一分小费都不给他们，看看能不能纠正这些工人的行为。于是，赵某直接对那个带头的工人说，把最后这几包搬上卡车，但自己今天既没有带钱，也不会给他们小费。

听到赵某这么说，这些工人开始骂骂咧咧，耍赖不愿意动。然后，赵某就去找了这个水泥厂的老板，他一听就知道是怎么回事。骂了这些工人几句后，工人最终还是把最后几包水泥搬上了车。赵某和司机就载着水泥开车走了。

案例 6.2：派驻国外期间的跨文化冲突[①]

因工作原因，何某曾于 2006～2013 年被派驻阿富汗和巴基斯坦两国，2013～2016 年被派驻卡塔尔、沙特、喀麦隆等国，主要负责对外关系和商务工作。而他现在所在的一家上市公司也有员工被派驻德国，由何某负责管理和联系。因此，何某对派驻期间的跨文化冲突有一些自身的经历和体会。

派驻的国家经济水平发展不一，宗教信仰也不一样，所以，跨文化冲突现象很多，也很复杂，在处理这些冲突时，需要有极大的耐心、信心和恒心，这样才会少走弯路，并赢得工作伙伴的信任。

何某于 2008～2012 年在巴基斯坦西北边境省(后改名为开伯尔－普赫图赫瓦省)的科黑斯坦区工作，该地区为典型的农村部落山区，无任何经济作物、工业生产，政府控制力较弱，当地居民主要进行的生产活动是种植玉米、喂养山羊，主要靠国家或者国际组织的援助来维持生活，他们的生活水平较低，文化教育水平也较低，一般仅有小学文化水平。当时公司正在当地修建一座 13 万 kW 的水电站。该水电站为当时巴基斯坦在印度河上游修建的最大水电站，其战略位置十分重要。公司项目部驻地为科黑斯坦区的帕坦镇(距中国红其拉普口岸约 800km，距巴基斯坦首都伊斯兰堡约 310km)，最初进驻的时候镇上居民仅有百余人，商店也仅是几家小卖铺，后来由于中国人增加、商业生活需求增多，镇上的居民也随之增加了，商店变得多样化。下面，以何某在巴基斯坦的部分工作为例进行阐述。

---

① 案例来源：根据某公司前员工访谈整理。

　　首先，各地人民在面对工作，特别是在面对新的工作方式和新的工作内容时的态度不同。2003 年，公司在进入当地时，需要雇佣大量的当地工人从事基础劳动工作。公司曾有过预案，预想过当地不会有熟练的工人，因此需要对招聘的员工进行培训，但结果却是当地人并不想来工作。不来的原因，不是收入低、没有工作技能，而是不想工作，他们习惯了闲逛、看热闹。有很长一段时间，都是中国人自己在工作，他们在旁边蹲着看。后来熟悉了才有人试着参加，干一些简单的工作。在当地人的心里，他们熟悉的生活就是放羊、种玉米，能维持生活就行，并不想为了更高的收入而马上投入新的工作。中国人用了将近 10 年的时间去影响当地人，让当地人认识到工作能给他们带来改变。在这期间，因为习惯不同，中国人和当地人发生了多次冲突，有语言上的冲突，甚至还有肢体冲突。中国的发展离不开勤劳的中国工人，因为我们的文化、经历告诉我们要想生活得更好，必须要奋斗、要努力工作，学会改变。但是当地人却认为，能保持生活现状就好，没必要去改变自己，更不想去改变环境。

　　随着对中国人和工作内容的了解增加，当地人开始愿意加入何某等人的工作，而何某等人也想培养更多有能力的人负责更多的工作，但这点却不容易做到。最开始的时候，他们主要招聘司机，因为当地人更熟悉道路状况(当地路况很差)，一位名叫穆罕默德·阿里(Mohamood Ali)的司机表现很好，他年轻、会沟通、头脑灵活，何某等人有意让他换一个岗位，准备让他带领当地人做现场土石方开挖的工作，这个工作职位更高，收入也更高，但是他却拒绝了他们的好意。后来通过交流得知，当地人最喜欢的职业是司机，排名第二的是保安，因为司机体面，保安很清闲。而更高的职位和收入，不是当地人考虑的内容，他们反而认为现场施工工作很辛苦，瞧不起出卖体力的工作。

　　还有一种情况，每个月发了工资以后，必定会有大量当地员工在第二天不告而别，等过了一周以后又回来要求上班，一问原因都是想拿到钱后先去玩几天，钱差不多花完了再回来上班。人员的突然离开，往往弄得中方管理人员很难妥善安排后续工作，但是当地又缺乏足够有效的劳动力，如果真的开除他们，很难再找到合适的人选。所以对他们往往都是批评、降薪，然后再让他们回来继续工作，就这样周而复始。后来为了减少这样的情况带来的影响，同时增加竞争力，何某的公司将巴基斯坦南部地区的一支员工队伍充实进来。南部地区的员工队伍，工作熟练程度较高，离家较远，因此不会轻易回家。这样，虽然用工成本较高，但是效率也会高很多。

　　其次，大家对待生命的态度不尽相同。在工作中，由于水电站建设属于大型工程，水电站所处的环境地质复杂，危险程度较高，当地人也不习惯穿戴劳保用品(这很大程度上是管理的责任)，因此不幸发生过几次施工事故、交通事故，并出现了人员伤亡。这样的事情中方的管理层都会比较重视，他们会联系遇难者的家属、医院和警察局等相关人员和单位，并会根据国内的经验做好赔偿预案。但是当地属于部落区，事故发生后往往出面的是当地的"长老"(当地一位德高望重的老人或者有权势威望的地主)，他看见中国人这么"兴师动众"，还反过来安慰中方人员，说这是神的旨意。遇难者家属对此也不会有过激反应，只是很伤心。当然，中方一定会补偿遇难者，通常会再安排他家里的另一位人员进入公司工作，以解决他家里的实际困难。总体来说，他们在对待生命上比中国人更坦然、更平和，会把一切都归因于神的旨意和安排。

2009 年，何某的公司曾发生过一起交通事故。在此之前，为了避免交通事故处理的复杂性和更大的纠纷，公司禁止中国人驾驶车辆，雇佣的都是当地专职司机。但当地人开车的特点就是快、猛，这不仅特别损耗车辆，还容易发生交通事故。虽然公司采取了教育培训、扣工资等一系列措施，但是当地司机还是很难改掉习惯，加上当地人喜欢爬车，特别是小朋友见到车会很兴奋，喜欢追着车跑，所以极易发生交通事故。2009 年 7 月，公司的司机阿卜杜拉(Abudulla)驾驶一辆皮卡从工地送货回来，在途经杜伯镇时撞上一位避让不及的 7 岁儿童，导致其当场死亡。阿卜杜拉第一时间将这个事情报告给了公司的巴方当地翻译瓦留拉(Walliula)，瓦留拉向中方负责人张经理(负责商务)报告了详情。考虑到遇难者为儿童，害怕引起当地人的不满，张经理先派瓦留拉去现场了解情况，然后给警察局打电话报警，他不敢第一时间亲自去现场，只是准备好等遇难者家属来索赔。瓦留拉赶到现场时，警察已经到达现场，遇难者家属也在现场并已经准备好将遗体运走处理。由于肇事司机为当地人，各方很快就达成了一致，遇难者家属不追究责任，而司机阿卜杜拉只需向遇难者家属道歉并赔偿一万卢比。由于当地为部落区，行政法律管控非常弱，因此在几乎没有任何行政权力介入的情况下此事就得到了处理。但考虑到阿卜杜拉毕竟是公司雇佣的司机，公司还是邀请遇难者家属、当地长老、警察局负责人到公司会议室商谈，并额外赔偿了 5 万卢比作为补偿，遇难者家属也签署了"谅解协议"。由此可以看出，当地人有当地人的具体事件处理方式，我们中国人有我们自己的习惯，而我们的安全感来自我们的习惯。

最后，各个国家(地区)对待中国人的态度不同。因为各个国家的历史、经济水平、对外开放程度等不一致，因此在接受外国人特别是在接受中国人方面各不相同。总体来说，经济水平不高且需要中国人帮助建设的国家(地区)普遍对中国人持友好的态度；而那些保守但是经济水平相对较高的国家(地区)，不太愿意接受中国人。例如，巴基斯坦对中国人和中国人在当地搞建设就持支持态度，认为中国人是在帮助他们进行国家建设；而沙特、卡塔尔等国经济较为富裕，对中国人持谨慎态度，会从签证、日常行为方面限制中国人。

何某在巴基斯坦工作期间，因为工作原因认识了帕坦警察局的负责人帕夏(Pasha)，2012 年何某离开当地以后，他们没有再联系。但是 2015 年因为工作原因何某又出差巴基斯坦，并在中巴友谊公路上的一个检查站意外遇见了帕夏，他非常热情地邀请何某去他办公室里坐坐，由于何某行程安排紧张，未能应邀，他还一路护送何某到目的地。

第7章　外派人员的评估与激励

一家公司无论是否跨国企业，对企业员工而言，薪资报酬都是需要着重考量的因素，而对于外派人员而言，其与本国公司的人员又存在诸多区别。因此，本章将从绩效评估、报酬计算等方面着手，对外派人员薪酬相关问题进行探讨，使读者能够对此有更加清晰的认识。

7.1　外派人员的绩效评估

外派人员的工作绩效直接影响驻外公司整体的经营业绩，因跨国企业具有复杂的组织结构和各驻外公司存在东道国文化与母国文化冲突等问题，外派人员的绩效管理具有较多的风险和不可控性。相比国内员工的绩效管理，外派人员的绩效管理是一个更为复杂的系统性工作。而其中的绩效评估工作非常重要，在实践中，绩效评估工作可以从以下几个方面入手。

1. 充分考虑绩效评估的影响因素

跨国企业驻外公司可能会广泛分布于不同国家的不同地区，因此外派人员的考核会受到很多因素的影响。其中，各驻外公司定位及外派员工工作定位对考核的影响最大，因为外派人员的绩效考核是基于驻外公司的经营目标定位和外派人员的工作定位。即使是同一跨国企业，其不同驻外机构都可能面临不同的行业和规模分布差异，也都会有发展阶段的不同。因此，在进行驻外公司考核时，应首先确定它在整个跨国企业发展中的定位。例如，对于新市场或会干扰竞争对手的市场，驻外公司可能会在短期内不能带来直接的经济利润，甚至会处在亏损状态。如果对该驻外公司采用资产回报率进行考核，则将出现较差的绩效。其次，员工的工作定位决定了员工在特定岗位上的工作行为和行为有效程度，从而影响员工的工作绩效。另外，在进行绩效评估时也要考虑资料数据的可比性、复杂多变的环境及多国评估者等对外派人员绩效评估的影响。考虑到世界各地的税务及贸易制度存在差异，若母公司对各驻外公司采用相同财务标准进行评估，则会无法真实反映出驻外公司的实际发展情况。因此，在进行驻外公司的考核时，必须考虑其特殊经营环境，寻找具有可比性的资料数据，建立合理的评估体系，这样才能客观体现出外派人员的绩效产出。国际环境复杂多变，驻外公司在这种波动的国际环境中必须将长期的目标灵活调整到与特定市场的需求相符。因此，对驻外公司的绩效考核不仅应包含利润、资产回报率等数据指标，还应包含公司信誉维护、市场份额扩大、人才培养、客户关系维护等其他方面。另外，与国内企业不同，跨国企业的评估者来源更为多样，包括上级、下级、同事、外派国员工、母国员工等。由于文化的差异，各国员工可接受的工作方式不同，对外派人员的工作表现也会有不同的诠释。因此,评估者的文化背景和评估的质量一定要联系起来(马春光,2004;余建年,2007)。

2. 建立合理的绩效评估系统

公司的绩效评估系统应涵盖多个方面,包括考核的时间地点、考核指标、考核程序、考核方法、母国和东道国考核人员、信息的存储和发送等(图7-1)。

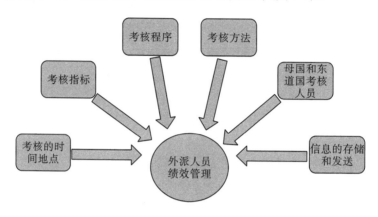

图 7-1　绩效评估系统

对于跨国企业的绩效评估而言,最重要的是建立符合每个驻外公司实际情况的科学合理的评估指标体系。从某种意义上说,绩效考核起着对外派人员工作的引导和督促作用,对外派人员的工作方式将产生很大影响。首先,绩效评估指标体系必须符合驻外公司的经营环境。其次,考核指标必须明确有效,方案要易于实施操作。最后,绩效考核要突出重点,考虑降低考核成本,提升考核效果。

3. 选择适当的绩效考核人员

基于外派人员特殊的工作特点,母公司和子公司在人员绩效考核过程中容易出现分歧,造成考核结果不一致。考虑到这一情况,跨国企业若采用母公司和驻外公司同时考核的方式,则更能彰显公平。母公司在考核过程中应偏重对外派人员的控制和母公司文化对子公司的移植输入,子公司则应将重点放在外派人员的跨文化适应、工作绩效、管理绩效和能力表现方面。

同时,基于母公司的跨国战略和子公司的发展阶段,母公司可调整其和驻外公司在外派人员考核中所占的权重。例如,在发展成熟的驻外公司,母公司应降低自身在外派人员考核中所占的权重,更多地由驻外公司对外派人员的绩效进行考核评分。而对于一些处于发展初期的驻外公司,母公司就应在员工绩效考核中发挥更大的作用(晁爱洁,2016)。

4. 选择恰当的考核指标

相对于国内人员的绩效考核,外派人员因其工作任务的特殊性而需要一些特殊的考核指标,包括跨文化适应能力、跨文化沟通能力、境外信息反馈能力、母公司文化推广能力、企业属地化能力等(唐宁玉和王玉梅,2015)。其中,跨文化适应能力的强弱将直接影响员工在境外的工作开展情况。具备良好跨文化适应能力的外派人员更容易适应跨文化的工作和生活环境，能更好地应对文化冲突给外派人员绩效产出带来的巨大挑战。反之，外派人员则无法与当地人进行沟通或沟通不畅，从而严重影响后续工作任务的完成，进而影响个人和团队绩效。

在跨国企业境外经营过程中，外派人员发挥着信息收集和反馈功能，他们能将子公司的情况及时反馈给母公司。良好的信息反馈能力可以帮助母公司降低在海外经营中的风险，加强对驻外公司的管控。跨国企业的业务分布在世界很多地方，为了保持母公司和每个子公司文化的一致性，外派人员要扮演好文化推广和传播角色。外派人员在工作和生活中，要大力宣传母公司的文化并使母公司的文化理念植入当地员工的思想中。从成本和长期发展的角度考虑，跨国企业应逐渐进行生产、销售、管理等相关环节的本土化运作以获得竞争优势，而外派员工的属地化能力在这一过程中将发挥积极的推动作用。

除此之外，外派人员的工作效率、所在市场的利润、市场占有率等其他数据指标也应作为外派人员的考核标准。针对外派人员在文化适应过程中有不同阶段，跨国企业在进行绩效考核时要不断拓宽思路，考虑外派员工的心理状态，根据外派人员所处的不同阶段制定适当的考核标准。同时，考核指标也不应局限于经济效益因素，要考虑驻外公司在发展过程中的人才培养、文化传播、客户关系建立等软性因素。外派人员在外派初期处于状态极不稳定的阶段，公司在进行绩效考核时，应注重员工的跨文化适应能力和心理调节能力等，调低经济指标的比重。随着外派人员逐渐适应，公司可以逐步增加经济指标的考核比例，提高对员工绩效产出的要求。

5. 重视员工绩效反馈

绩效反馈的过程不仅包括对绩效本身达成程度的沟通，也包括外派人员在工作中的支持度、工作任务匹配度、工作满意度等其他方面。良好的绩效反馈系统可以提高外派人员的绩效产出，完善绩效评估体系，促使绩效目标最终达成。

与外派人员定期进行绩效面谈是一种常用的绩效反馈方法，其不仅可以巩固外派人员和母公司的联系，帮助外派人员重新建立个人职业规划，也可以帮助外派人员解决个人工作中的困惑和难题，提高驻外公司的整体业务水平。

跨国企业可以使用专属的信息工作平台与驻外公司员工保持实时联系，同时鼓励外派员工定期回国，并到母公司进行述职沟通。另外，跨国企业也要尝试使组织结构扁平化、简单化，减少外派员工与相关领导交流的层次和阻碍，加速信息在员工和管理层间的流动，使外派人员能更好地了解上级的意图，以便于外派工作的开展。

7.2　外派人员薪酬与激励

有学者提出，外派人员的薪酬体系应具有竞争性、低成本、激励性、公平、易于理解、与国际财务管理相配合、易于管理、沟通方便等特点。跨国企业的驻外公司可能分布于不同地区，其互相之间在自然条件、社会经济发展水平和税收等方面都存在差异。因此，在制定薪酬激励政策时，必须充分考虑各个驻外公司的具体情况，补偿外派人员因派遣国经济条件落后而承受的经济负担，平衡驻外期间外派人员在不同国家的生活水平。

7.2.1　充分考虑薪酬的影响因素

对于不同情况下的派遣任务，外派人员的薪酬制度应考虑三个层面的因素(图7-2)：一是外派人员职务，包括技术人员、一般管理人员和高层管理人员；二是派遣的困难程度(可分为低、中、高三个级别)，派遣的困难有可能源于母国和当地文化差异过大、当地生活艰苦、社会动乱等因素；三是派遣时间的长短，其可以分为短期派遣(短于1年)、中期派遣(1～4年)和长期派遣(4年以上)。基于上述三个层面，我们可以将外派人员的薪酬分为3×3×3(即27)种情况。

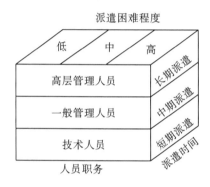

图7-2　不同情况下的外派人员薪酬考虑(据薛求知和廖永凯，2010)

考虑到跨国企业不同驻外地区的不同自然和人文情况，母公司可以根据实际情况将其分为高危地区和平稳地区。对于在高危地区工作的外派人员，应按月给予一定的经济补贴。同时，对于短期出差和外派应采用与普通员工不同的工资计算方式，而长期外派人员应在超过一定年限后享受逐级递增的年度津贴。这可体现跨国企业对长期外派的鼓励以及对长期外派人员的重视和关怀。

7.2.2　重视薪酬的激励作用

跨国企业外派人员的薪酬主要包括基本工资和津贴两部分。基本工资是外派人员薪酬计算的基础和保障。在外派人员薪酬的计算过程中，有些企业是以原工作职位的基本工资为基础，有些企业则是以外派人员驻外新职务的基本工资为基础。津贴是为补偿外派人员因驻外而承受的心理和生理上的损失和不便，在基本工资之外提供的外派补贴。其中有一次性津贴，如置衣费和旅行费等；也有定期性津贴，如艰苦津贴、生活费津贴、国外服务津贴、回国探亲津贴、税益津贴、医疗补贴等。

国外服务津贴是为了增强员工的外派积极性，吸引员工前往外派国工作而设立的。艰苦津贴因派驻的国家在自然环境、社会政治、物质条件和教育娱乐等方面的差异而不同。税益津贴是为了补偿外派人员在东道国缴纳的超过母国的税金。回国探亲津贴是为外派人员及其家人提供的定期回国探亲费用，包括机票费用和带薪假期费用等。

同时，跨国企业应注重各类津贴对基本工资的补充作用，做到基本工资保障员工正常需要，津贴用于激励员工驻外工作的积极性。

7.2.3 采用恰当的薪酬计算方法

现行外派人员薪酬计算方法有现行费率法、资金平衡法、薪酬基准加码法和固定薪酬法(林新奇，2011；许莹和方荃，2013)。其中，现行费率法是指跨国企业在当地的市场费率基础上，以调查比较结果为基准计算薪酬(赵曙明，2011)。也就是说，若员工被派至高工资国家，薪酬会提高；若被派至低工资国家，员工可在基本工资和福利之外得到额外补偿。资金平衡法是指通过收集境外生活费用的标准并将母国人员与其他国人员的基本工资与外派国工资进行整合来确定外派人员薪酬。薪酬基准加码法则是指因外派工作会给外派人员的工作和生活带来不便，跨国企业会在外派人员母国薪酬的基础上增加一定比例的津贴进行补偿。当东道国和母国的自然条件、社会情况较接近且物价消费水平比母国略低时，跨国企业可采用固定薪酬法，即按照员工在母国的薪酬水平支付驻外工资。

另外，对外派人员的激励不仅仅在于薪酬这一物质方面，也要考虑员工在精神层面的需求。根据马斯洛的需求理论，人类有生理需求、安全需求、社交需求、尊重需求和自我实现需求五个层次，人类在满足低层次需求后会追求更高层次的需求。外派人员的薪酬可以满足其基本的需要，但从精神层面看，外派人员在得到薪酬激励的同时，也需要事业发展的成就感、企业给予的归属感和满足感等精神食粮。精神上的激励是一种间接的且无形的激励，其持续时间更长，更能从深层次激发外派人员对工作的热情和动力。同时，精神上的激励也更难实现，它要求跨国企业高度重视外派人员对公司发展所起到的作用，并对他们进行人文关怀，解决与他们切身利益相关的问题，提高他们驻外工作期间的幸福感。

案例 7.1：海外薪酬的公平与不公平？ [①]

李某作为一名国有企业员工，毕业至今一直参与公司的海外市场开拓和业务发展工作，并先后在南亚、东非、中东和东南亚地区长驻。他有幸跟随公司的步伐，亲身经历了国家 20 世纪末的"走出去"战略和现在的"一带一路"倡议，见证了中国资本在境外的迅速增长和中国企业国际竞争力的日渐增强，同时也亲历了许多外派员工管理方面的典型事件。

1. 员工工资纠纷事件

情景：越南子公司当时只有一个在建工程项目，项目由母公司直管，管理人员的工资虽挂在项目上，但由母公司统一发放。母公司以当地货币为基础发放 20%的现金作为基本生活费用，其余的 80%以人民币形式打到卡上。由于项目前期工作杂乱，管理难度较大，因此直到项目实施两个月后，母公司才进行第一次工资发放。当项目的国内管理人员收到工资到账通知后，他折算汇总了当地货币部分的收入，发现总收入与外派前协商的收入有一定差距，因此他到公司找兼管人力资源事务的财务主管张某了解情况。张某解释，工资

① 案例来源：根据某公司前员工的访谈整理。

的最终核算都是由国内人力资源管理部完成的，他只负责按当地要求计算并扣除个税，因此具体情况他并不清楚，他需要跟国内先了解一下情况。

事件相关人员的行为：项目管理人员中有一个有过外派工作经历的老同志马某，他跟其他管理人员说起当初他在一个项目上的收入，拿到手的就是公司说的，是没有扣减所得税的，而且在本次外派前的交底会上，公司也只是说到收入，并没有说明这是税前收入还是税后收入。因此，他们第二天再次找到公司，坚持声称公司在交底会上说的收入就应该是税后收入，现在的扣减没有道理。

李某比较重视此次事件，他先了解了马某的工作经历，并会同其他几位高管对交底材料进行了认真研究和反复讨论。最终，他们给项目管理人员解释：马某曾经被外派的是经援项目，经援项目由于执行的是国家统一的津贴和补贴标准，所以其收入本身是免税的。而本项目属于一般性商业项目，所以跟国内其他项目一样，都要交税，包括员工个人所得税的代扣代缴，但公司会从职工利益考虑，充分运用税务筹划手段，减少员工税负。但是马某不听解释，继续纠集项目管理人员在公司争执，严重影响了项目的正常进度，也干扰了公司的正常运作。

结果：越南子公司高管分别约谈项目管理人员，双方约定通过制定合理的加班、值班补贴制度来变相抵消个税扣减给员工收入造成的影响。提前结束马某的外派任务，并通报总部对其回国后进行一定程度的降职减薪处理。

分析：轻视外派人员的派前交底。

加强对外派工作内容和期限、薪酬构成和发放形式等的交底，以及组织对员工的职业规划交底，可以减小外派员工与组织之间心理期望的落差。交底一定要做到清楚明了、细致到位，否则盲目外派会造成双方在心理期望上的落差，影响心理契约的协调。

2. 外派任务挑拣事件

情景：王某在2007～2009年任职于东非的子公司。在那里所有员工的全部薪酬收入都以美元挂账，同时每年结算一次并汇回国内，以现汇的形式发放到每个员工的国内双币卡上。而在2011年，当王某被外派到中部非洲的项目部时，薪酬以人民币计算，并且当地每月发放部分美元以作零用，余额则以人民币形式每月在国内被打到卡上。当公司拟在2012年派遣商某(王某的朋友)前往东非的子公司时，商某拒绝了该外派任务。

事件相关人员的行为：商某在接收到外派任务时，想起了好朋友王某对东非子公司薪酬发放的抱怨：东非子公司的工资发放方式忽视了汇率变化(美元兑人民币的汇率2007年在7.7左右，而到了2009年只有6.7左右)，造成他的总收入比预期减少了10%以上。商某马上托熟人了解东非子公司的薪酬发放现状，当得知东非子公司的薪酬发放方式未做改变时，他立即以身体健康为由拒绝了公司的外派任务。随后，在不到3个月的时间内，他又主动申请前往中部非洲的项目。

结果：由于公司在外派人员储备上有缺口，且项目急于用人，再加上一些其他原因，商某在提出申请后，不到2个月即被外派到中部非洲的项目上。但是相关领导对此颇有意见，认为这助长了员工拈轻怕重、挑肥拣瘦的不正之风，同时对商某的评价也转为负面，这实质性地影响了商某在随后几次评优中的成绩。

分析：外派薪资及福利制度不完善。

公司外派薪酬的制定在较长时间内依据的是国家经济援助政策下的指导办法, 经历过国内基本工资和国外津贴双成分时期和驻外机构依据国内薪酬办法自主制定时期, 但这种方式没有兼顾到外派薪酬的对外竞争力和对内公平性。

第8章　外派人员回任

对于跨国企业的外派人员而言，完成外派任务并重返母国并不意味着工作结束，而是一个新阶段的开始。他们在回任过程中可能面临诸多困难与挑战，如文化的逆适应、人际关系的建立、工作角色与工作内容的转换等。本章将从外派人员回任再适应以及外派职业生涯管理两个方面来探讨外派人员回任的相关问题，使读者对外派人员回任相关情况有所了解。

8.1　回任再适应

8.1.1　回任意愿及其影响因素

回任意愿是指外派人员在完成外派任务后，希望重新返回母国公司的想法。一般而言，外派人员对母公司的期望会影响他的回任意愿。

针对目前中国跨国经营企业外派人员回任现实情况，本书对影响外派人员回任意愿的因素及其动因做如下剖析。

（1）对于中国跨国经营企业而言，由于它们正处于向成熟跨国公司迈进与转移的阶段，因此，它们普遍非常重视外派人员，把外派人员看作企业逐步向国际市场迈进的先头兵和开拓者，以及企业的财富和资产。因此，这些企业通常对于外派人员有完善的外派支援计划，会给予员工高度的承诺，并且由于富有国际外派经验的人员稀缺，企业对他们的职业生涯管理通常有系统规划。这一点与中国跨国经营企业目前的发展阶段有关，带有普遍性，是中国跨国经营企业基本都能做到的（姜秀珍等，2011）。

（2）对于现阶段的中国跨国经营企业来说，对外派人员职业生涯发展起决定性作用的是所在企业的实力与影响力，这可用企业组织规模来体现。中国企业目前正处于由"做大"到"做强"的转型期，组织规模越大，企业在行业内的影响力越大，其能为日后回任的外派人员提供的职业发展机会也就越多，持续性就越好，而由此形成的组织文化有利于外派人员个人工作能力的提高与职业发展路径的塑造。

（3）外派人员的回任意愿与外派任务类型呈显著正相关关系，这些外派任务是指高发展性的或策略性的外派任务。外派人员一般学历较高（基本是本科及以上学历），他们关注自身的个人职业生涯发展，并把外派看作提高自身能力的机会。他们认为，无论回任后是否在原公司任职，好的工作履历和工作任务的历练，都对他们今后维持自身竞争力非常有利。因此，他们对外派任务类型很敏感，其回任意愿随外派任务类型的不同而不同。

他山之石 1：IB 国企外派员工延期回国[①]

　　IB 国企在欧洲成立了营业机构，其规定每三年为一个外派期，员工可以一次性申请两个外派期，如果单位认为需要，还可以延期一年，即总期限为七年。然而，有两名员工都要求在七年外派期到期后再次延期，并找总部说其他人有先例，要求总部也给予延期，但被总部拒绝。

　　A 员工要求延期的原因：找到一个当地男朋友，希望能够再延期一年，以确定是否结婚。但被总部拒绝，总部认为不能以个人理由办理延期，而且这样做会对总部产生一些不确定性，即员工可能会破坏外派纪律。总部规定，员工可以与外籍人士结婚，但是要事先告知单位，并且不得私自申请当地长期居留身份。

　　B 员工要求延期的原因：希望获得一定升职机会后再回国。B 员工工作表现较好，但是七年来一直没有升职，因此他有一种等公共汽车似的感觉，因为已经等了很久了，几次感觉该上了，但都差一点。总部以不确定性大，没有必要为由拒绝了他的申请。但是同意该员工在回国后再次申请外派，约一年以后他可以再次被外派。

　　在欧美、澳大利亚等地经常会出现外派到期员工不愿意回国的情况，尤其是美国。如果家属一起随任，部分外派人员会非常希望能够长期留在该国。但是按照国企的管理规定，是不允许员工私自留下的。因此，从企业层面看，企业需要做好员工的管理工作，提前对员工进行安排，同时对第二个任期及延期做出规定，只有工作表现非常良好的员工才能申请延期(如三年考核至少有一次优良)，不能没有标准。对于员工来说，应对工作和家庭做出合理规划，并提前考虑好任职时间，以免出现措手不及的情况。

他山之石 2：华为公司外派员工无意回国[②]

　　1. 嫁个巴西人

　　侯女士是一位常驻巴西的市场销售人员，在到巴西之前，她对巴西就很有好感，因此也花了时间自学葡萄牙语，并可以达到用英语和葡萄牙语两种语言制作标书的程度，在日常生活中，她也很适应和享受巴西的文化，并学会了巴西的桑巴舞。在一次聚会上，她和一位客户共同跳起桑巴舞，并获得大家一致的赞美，渐渐地，她与该客户的联系越来越紧密。后来，她和该客户公司的一名中层主管结婚并定居巴西。到目前为止，她已经在巴西生活了十年之久。如今，中国人的思维越来越开放，技术移民也越来越多。本土化有利于解决签证和员工忠诚度问题。

　　2. 娶个华侨

　　洪先生是一位在阿根廷开拓市场的人员，至 2007 年他在阿根廷代表处已经工作八年，职位为代表处副代表。海外很多国家都有不少华裔，因此即便洪先生的西班牙语不是很地道，但是他和自己的华裔女朋友在一起交流也没有什么障碍。因此，洪先生与该华裔女朋友定居阿根廷并长期在华为代表处工作，这对代表处工作的顺利进行起到了很好的正面

---

① 案例来源：根据某公司员工的访谈整理。
② 案例来源：根据华为公司员工的访谈整理。

作用。华为海外市场的员工基本都是知识性人才,因此他们定居海外有一定的经济基础和可行性。业务本地化和中方员工本地化,都对中国企业在海外市场迅速发展具有很强的推动力。

8.1.2 外派回任的重要性及面临的挑战

1. 外派回任的重要性

外派回任人员积累并转移母国知识到其他子公司或分公司,又从国外带来新的观点与发现,具有丰富的国际经验,是知识转移的载体。外派成本高昂(据估计,外派人员的成本是国内人员的3~4倍),一旦回任人员离职,公司不仅会丧失外派成本,还可能会流失新开发的技术,甚至失去竞争优势。同时,这也会影响已回任员工的工作积极性,导致绩效降低和离职率增加,还会影响国内员工接受外派的意愿,从而影响公司国际发展前景。

研究发现,公司外派人员存在严重的回任离职问题。有学者的研究结果显示,回任人员一年的离职率为25%;另有学者的研究结果显示,27%的外派回任人员会在回任一年内离开公司,25%的回任人员会在回任的第一年和第二年之间离开公司。通过大量观察与研究,发现很多跨国组织存在外派回任人员低留任率、高离职率现象,且有很多外派人员回国后就会离开他们的组织,或者留在公司却表现出较差的绩效。研究数据还表明,外派回任员工的离职率相较于国内人员高出一倍(张明,2013)。

关于回任人员高离职率的原因,很多学者进行了相关研究。研究发现,很多回任者认为回任后组织限制了他们的职业发展。例如,美国有77%、芬兰有54%、日本有43%的外派人员在回国后被降职;还有很多员工回任后处于"职业等待状态",或者职业与他们期望的不同,即他们可能被安排在一个权力较小的职位上,或在这些职位上很少能运用自己所获得的国际知识。并且,还存在大多数外派人员感觉未从海外经历中获益的现象,这也促使回任人员离职。根据已有的研究,非管理层的回任者比国内的同事得到的升迁机会更少,很多回任者抱怨回任后未被充分利用、损失了自主权或职业发展通道堵塞,这些都直接促使回任人员离职。

此外,关于外派回任者是否留任,有研究表明,回任者对组织心理契约履行的感知是一个关键因素。回任阶段的早期心态更容易受到挑战,这种心理变动受到回任者感知到的组织早前的承诺与他们现实经历的外派过程和回任期间组织表现之间差异的影响。不顺利的回任过程及不满意的回任结果会令回任者沮丧,由此导致的挫败感会转变成离职倾向或者对组织的低承诺、低投入。反之,如果感觉组织的做法令人满意,则外派回任人员不太可能去寻找别的工作机会,也更有可能持有高组织承诺、高工作投入。

就离职倾向而言,感知到的心理契约履行对回任人员的影响大于来自外派前后职位、薪酬和技能变化的影响。如果回任人员感觉到来自组织的关心和支持,那么即使离职的成本相对较低、收益较高,人性化与合意的工作环境也会让其忠诚地留下来。相反,如果回任者觉得组织背弃了承诺,那么即使离职成本高、收益低,其仍可能选择离开。

因此,跨国经营企业若想改变回任人员的离职倾向,不仅要重视各种激励手段,也要注意落实外派前和外派期间所给予的承诺。同时，组织还要保持与回任人员开诚布公地沟通和交流，避免回任人员产生误会及有不现实的预期。当然，有时因特殊原因，组织对心理契约的违背无法避免，此时需要管理者及时处理好回任者的消极反应，管理者适当的关心和支持行为可以极小化回任者的消极反应。

他山之石：华为外派员工回任后离职[①]

张某 2000 年进入华为，2001～2008 年常驻华为拉美地区部，这一阶段无论是考核还是福利，华为的政策都是向海外倾斜。张某的家人都在昆明，张某在 2008 年结束拉美常驻回国后，又被派驻南非工作 1 年。长期的机动出差导致夫妻关系和家庭出现问题。张某已过 30 岁了，而小孩在成长过程中几乎和他没有过多的亲近，父母也开始年老多病。之前在华为工作已为张某在昆明生活打下了坚实的经济基础，虽说人需要有更高的追求，但是常年在海外奔波总是让家人担心，张某自己也有居无定所的漂泊感。因此，综合权衡后，张某决定放弃在华为的工作，留在昆明发展。常驻国外对员工家庭的影响是显著的，无论是基层员工还是高层管理者。常驻海外，开始都需要适应海外的文化和生活，回国后，其实也需要一个"逆适应"过程(总部的工作和总部的人事关系)。总体来说，常驻海外时间过长必然产生矛盾甚至动摇家庭的根基。工作和家庭总是在天平的两端，平衡才能持久。

2. 外派回任人员面临的挑战

首先，因为母国与派驻国之间会存在较大的文化和环境差异，所以外派人员最易遭遇文化休克。在跨国公司里，外派人员或其家属因文化休克而不得不终止国外工作任务提前回国的例子不胜枚举。然而，当已经适应了异国文化环境的外派人员重返母国时，他们又会出现对自己国家文化不适应的症状，也就是所谓的"重返本文化休克"。这种重返本文化休克如果处理不当，会带来较严重的后果，如造成同事及家庭冲突、员工变得消极被动，从而严重影响回任人员职业的继续发展(叶晓倩，2010)。

此外，外派人员在回任期间还会面临很多不能预见其程度大小的改变，如职责、权力、人际关系和可用信息及工作区域等的变化。如果不能有效应对这些改变，他们将会遇到更多的问题和挑战，如工作和岗位的确定、晋升的机会、职业发展的支持等；如果再遇到母国组织对其回国忽视、对其家庭情况漠不关心、公司人力资源部门对其在回任中遇到的困难持不同意见及与同事相处不融洽等问题，外派人员的挫败感会更加强烈。

正是由于回任过程伴随着众多的困难，回任前的准备工作才显得非常重要，如做好文化、环境的改变和回任经历因果归因等相关问题的准备。能够最终判断回任者调整成功与否的标准是，他们是否获得了合适的工作、是否减少了跨文化调整的困难以及离职倾向的强弱等。

[①] 案例来源：根据华为公司前员工的访谈整理。

8.1.3 外派回任适应及其影响因素研究

1. 外派人员回任适应过程

回任适应困难的发生，是因为外派人员回任后，相较外派前，公司和员工个体都会发生改变。回任适应问题主要包括对公司和组织的适应问题、对老朋友和同事关系的适应问题、水土不服问题等。

回任适应不仅是一个过程，也是一种状态。回任适应作为一个过程，主要是指态度和行为的适应过程，即个体要适应被母国文化接受的行为。回任适应作为一种状态，是指个体对母国的感受的心理舒适度。有研究表明，42%的回任人员认为回任是一个困难的过程，回任过程与去另一个陌生国家的过程相似，回任适应困难度甚至比外派适应困难度更大。在国际人力资源管理领域涉及管理回任员工的文献中，最具影响力的外派回任模型是由Black 等(1992a)提出的(该模型于 1999 年被加以修正)，如图 8-1 所示。

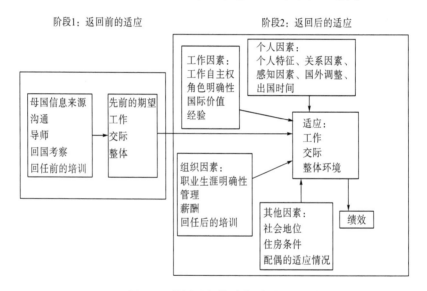

图 8-1　外派回任模型(据张明，2013)

该模型将回任过程分为两个阶段，并用三个维度、四个变量进行分析。三个维度指工作调整(指新工作或组织调整)、关系调整(指与母国、与他人之间关系的质量)和整体环境及文化的调整(如母国文化、休闲时间、生活质量等的调整)。四个变量包括个体变量(个体的态度、价值观、需求和个人特征等)、工作变量(与个人工作任务及特征有关)、组织变量(描述组织政策与实践)和非工作变量(所获得的社会地位、住房条件以及配偶回国后的适应问题等)。

2. 关于回任者再适应的影响因素研究

目前，关于回任再适应影响因素研究的理论模型有很多，其中 Black 等(1992a, 1992b, 1999)的研究模型一直被运用得最为广泛，他们认为外派人员归国后的回任适应性受到四类因素的影响：个体因素、组织因素、工作因素和其他因素（叶晓倩等，2017；张明，2013）。

（1）个人因素。影响回任者适应的个人因素包括年龄、外派时间、与母国的联系以及个人对外国文化的适应程度等。多数外派人员及其配偶在归国时都会经历生活条件变化带来的困扰，如个人财务问题、住房问题、子女就学问题等，这些都常常对归国人员的非工作适应带来负面影响。并且外派人员外派工作年限越长，组织、自己、朋友和家庭所发生的变化就越大，其所面临的不确定性程度也就越高，从而致使适应困难度增加。与此同时，外派人员在任职期间已经逐步适应了东道国的文化，归国后，他们很大程度上会出现文化不适应的现象。两国的文化异质程度越明显，外派人员所感受到的不确定性和陌生程度就越高，对母国文化的重新适应也就越困难。

（2）组织因素。组织的回任支持实践是指跨国公司为了确保外派者拥有的国际技能与知识不被浪费，促使回任程序和职业发展而开发的支持项目，如回任后的培训项目、导师制度等。组织的回任支持实践越丰富有效，回任者适应越容易。组织支持认知是指员工对组织关心员工的贡献和幸福程度的认知。具有较高组织支持认知水平的回任人员具有较高水平的绩效和组织承诺与较低的离职倾向。此外，组织对归国政策的明晰程度也会影响外派回任人员的适应情况。许多外派人员认为自己在归国时面临工作适应困难的重要原因在于，公司的归国政策缺乏明确性和计划性。易于理解且透明的归国政策能够减少外派人员回到母国时所面对的不确定性，有利于外派人员的归国适应。

（3）工作因素。工作角色的明确性和自主性是影响外派回任人员能否顺利适应的关键因素之一，归国后若工作角色模糊，外派人员在新工作中容易失去目标和方向，从而对未来感到不安。工作角色的明确有利于减少工作环境中的不确定性，其对归国后的工作适应非常重要。因此，跨国公司需要为外派人员的归国做好事先的计划，并为其提供明确的工作角色，这样有利于外派人员充分发挥其应有的创造力和积极性。同时，工作角色的自主性对外派人员归国后的工作适应也会产生积极影响。

（4）其他因素。在外派期间，外派人员习惯了较高的社会地位和更高的生活标准。回任后，降低的社会地位造成了一些不确定性，影响了回任人员对新的社会行为的适应，而这些都会对回任适应产生负面影响。

8.2　外派人员职业生涯管理

8.2.1　外派人员职业生涯管理及其三阶段

外派人员职业生涯管理是指组织对外派人员职业生涯的规划与管理，包括提供母国组织结构的变动以及协助外派人员了解其回国后工作职位的相关信息。提前为外派回任人员做好职业规划，主要有两个目的：一是让外派人员对自己的职业发展有清晰认识；二是管理他们的期望，实现员工个人发展与企业发展需要的统一。

根据外派学习周期理论可知，外派人员的职业生涯管理可分为三个阶段：第一阶段是外派前的职业生涯规划阶段，公司和相关部门讨论外派回国人员的职业目标及发展问题，确定预期的职业生涯发展路径，给予他们外派工作的安全感。第二阶段是外派工作期间的协助阶段，公司提供足够的信息支持对职业生涯进行动态管理，保证公司和员工期望的一致性。第三阶段是外派员工即将回任前的 6~8 个月，企业要兑现外派前的职务承诺，确定归国后的工作安排，并为回任员工提供与生涯规划相匹配的学习机会，或是前往下一个外派地点的任务。

1. 外派之前的职业生涯管理

为了使外派前的职业规划更切实可行，人力资源部门和部门直接领导应与员工进行充分的沟通，在尊重员工个人职业发展和企业战略发展的基础上，帮助员工对职业生涯发展中可能遇到的问题进行充分的剖析，使外派员工在心理上形成较好的现实预期，更好地完成外派任务。

2. 外派工作期间的职业生涯管理

公司应在明确员工的职业发展计划之后，对结果的反馈和计划的实施进行管理。通过建立联系人制度，为每位外派人员配备一名"职业发展主管"，以对外派人员在国外期间的职业发展给予指导。

3. 回任期间的职业生涯管理

在外派人员归国前，公司的管理者应和外派人员进行商讨，为回任做准备。具体做法是外派人员向公司提交一份外派期间的工作业绩评价表及未来的职业发展计划，公司在对其能力进行评估的基础上，共同商讨其合适的职位。随后，对公司内部空缺职位进行搜索，以最终确定外派人员归国后的工作安排。公司不仅要保证回任人员有具体的职位，还要明确其薪酬、工作内容、晋升通道，同时员工回国后要为其提供与其职业生涯规划相匹配的培训机会。

在外派的不同阶段，如果组织重视外派人员的职业生涯管理，则会对其职业发展更有益处，否则就可能导致外派人员不愿回任。外派人员是否清楚他们回任后的任务以及对未来自身职业生涯发展的了解程度是影响外派人员回任意愿的重要因素。此外，外派人员在国外执行外派任务时所学习到的国际知识是具有相当价值和不易模仿的，组织可借这些知识保持在市场上的竞争优势。因此，组织要想驱使回任者分享知识，就必须提供与外派人员个人职业生涯需求一致的职业生涯发展机会，鼓励外派人员将学习到的国际知识转移给组织(桂莉和王兴鹏，2012)。

8.2.2　外派人员职业生涯管理具体内容

1. 外派人员的招聘

招聘阶段最重要的任务就是对外派人员进行正确的选拔，选择真正符合企业文化和具备开拓海外业务能力的人才，这是开展职业生涯管理的前提条件。根据海外工作的特点，外派人员选拔标准主要涉及工作因素、人际因素、适应能力、家庭因素及其他因素五个方面，招聘和选拔中广泛采用的有面谈、标准化测试、评估中心、简历、工作试用、推荐等方法，而针对不同类型的外派任务，应采用不同的选拔和招聘标准。在招聘过程中，招聘人员应向应聘人员全面解释外派工作可能带来的各种影响，使其对自我职业发展进行合理定位，以防日后出现不可解决的矛盾以及其自身职业发展的失败 (桂莉和王兴鹏，2012)。

2. 职业发展规划

(1)自我认知与职业定位。在职务分析和基本素质测评的基础上，企业既要尊重员工个人发展要求，也要从企业发展所需出发，帮助员工进行个人职业目标的选择，制定切实可行的职业发展计划，指导员工填写《员工职业发展规划表》，以备日后进行对照检查，并不断完善该规划表。

(2)以职业发展为导向的工作绩效评价。职业发展主管负责将外派员工每个工作周期的绩效考核结果记入个人职业生涯信息档案，以作为其职业发展、提拔晋升、薪酬等级调整等的重要依据；同时，根据考核记录和工作表现指出员工存在的不足，并确定下一步行动方案，以改进和提高员工的能力与素质，帮助其逐步实现自己的职业发展目标。

(3)职业发展评估。职业发展主管在每个工作年度结束时确定考核结果，并与被辅导的员工进行职业发展目标年度评审会谈，同时分析和评价员工本年度的工作表现，重新评估员工的职业定位与职业方向是否合适，帮助员工调整职业发展目标，并明确下一年度的安排。

3. 职业发展通道设计

外派员工的职业生涯发展可以被设计成"双轨制"的职业发展路径，细分为两条职业发展通道，即专业技术通道和管理通道，如图 8-2 所示。在这种职业发展空间内，员工可以选择符合自身兴趣和能力的职业发展通道，从而使自身的职业发展更广阔、更灵活。在这两条职业发展路径中，技术等级和管理等级都是相对应的，同等级的员工享有同样的薪酬待遇和地位，这能保证不同能力和不同职业兴趣的员工都能找到合适的上升路径，从而避免所有人都拥挤在管理通道上。同时，公司通过这种职业发展通道设计可以培养一批职业化的且高素质的专门从事国际任职工作的经理人和技术专家。

4. 教育与培训系统

外派人员的培训根据外派进程分为外派前的培训、外派期间的培训及外派结束后的培训三个阶段。每个阶段的培训内容根据需要有所不同。外派前的培训是为外派人员出国所做的准备，培训主要集中在东道国的语言、文化、历史和风俗习惯等，以及母公司的境外战略、企业文化、公司历史和经营范围等内容上。外派期间的培训重点转向提高员工技能、管理能力等方面。公司应根据个人职业生涯发展计划安排培训内容，以保证外派人员职业的可持续发展。外派人员外派期间，公司应设置现场职业辅导以帮助其尽快适应工作。外派结束后的培训主要集中在帮助归国人员减少"逆文化冲击"，提供职业生涯发展帮助等方面。在安排他们回国时应提前通知，让他们有充分的准备，再为其适应新的工作岗位提供相应培训。

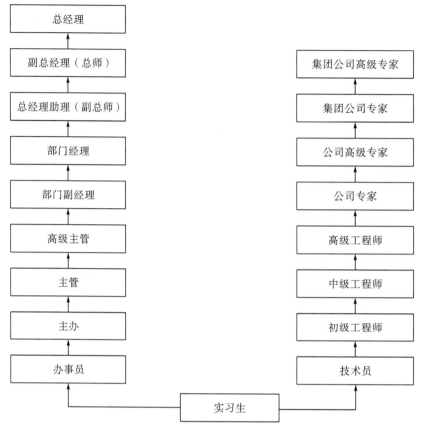

图 8-2　职业发展通道

5. 工作-生活平衡计划

以增加家庭福利为核心的工作-生活平衡计划，既包括物质方面的工具性支持，又包括尊重等社会情感支持，这一支持体系贯穿外派的全过程。工作-生活平衡计划的主要措施包括：向员工提供家庭问题和压力排解的咨询服务、设计适应外派需要的休假制度和家属探亲制度、创造参观或联谊等机会促进家庭和工作的相互理解和认识、将部分福利扩展到员工家庭范围以分担员工家庭压力、把家庭因素列入晋升或工作转换的制约条件之中等。

8.2.3　需要重点关注的问题

外派人员的职业生涯管理，企业在实施过程中应重点关注以下问题(桂莉和王兴鹏，2012)。

1. 以企业战略目标为起点

对外派员工进行职业生涯管理，关键是要促使个人发展意愿与企业需求相结合，通过成就员工的职业生涯发展来推动企业的发展，由企业发起的员工职业生涯管理最终要满足企业员工的发展需求。因此，企业实施职业生涯管理需要考虑企业的发展环境、发展战略、岗位需求等因素，然后根据员工的特点，帮助其在企业内部找到自己的发展路线和方向。

2. 有职业通道设计作基础

外派人员职业发展目标的实现有赖于顺畅的职业生涯发展通道，所以企业一定要对构建员工职业生涯发展通道的工作引起重视，确保员工职业生涯管理目标的实现。

3. 由企业、直接领导、员工共同负责

企业中承担外派人员职业生涯管理职能的是各员工的直接领导和企业的人力资源部门。直接领导对下属员工的能力、兴趣、需求有较清晰的认识，能够结合员工职业生涯发展规划和企业中存在的机会，随时掌握员工职业发展方面的进展。人力资源部门在整个职业生涯管理体系中起到组织协调、咨询和管理作用，能保证体系的正常运作。企业对员工进行职业生涯管理的同时，员工积极进行自我职业生涯管理也非常必要。

4. 有充分的信息沟通作保证

外派人员的职业生涯发展计划需要根据公司的发展战略、组织结构的变化和自身不同阶段的发展进行相应的调整。因此，成功的职业生涯管理，应有充分的信息沟通作保证。尤其是外派人员身在海外，信息沟通对于外派人员的职业生涯发展就更为重要，作为企业应该建立信息沟通机制，使企业和员工相互之间加强了解，保证职业生涯管理活动的动态性和有效性。

案例 8.1：华为的外派人员回任安置①

对于海外派遣回任后的人员安置，会出现以下问题。

(1)海外派遣人员薪资体系与国内工作人员薪资体系不同，回任后必须恢复其国内薪资体系，因而调整时经常发生摩擦。

(2)回任后职务的安排与本人的期望不一致。

(3)外派时未考虑职位空缺问题，回任后愿意接受的部门很少。回任人员的训练与职务安排，企业较易忽视。

(4)由于具有外派经历，与同事间的相处存在问题。

除职位与薪资上的变动外，对外派人员进行回任前与回任后的培训等人力资源管理措施的实施，将使回任人员减少不确定性因素，快速熟悉工作及生活环境，影响回任人员的回任适应。若无法妥善处理调适问题，将对个人及组织产生负面的影响。因此，须由企业向回任人员提供规划和协助，使其顺利适应，减少适应问题对组织与个人的冲击。

华为对于回任有以下具体流程。

(1)回任前 6~9 个月。

①研究员工的前程路径规划，并于国内搜寻合适的工作机会。

②请员工报告在驻外时获得的知识及技能，此举可帮助其寻找合适的职务。

---

① 案例来源：百度文库，https://wenku.baidu.com/view/4f77c23ab81aa8114431b90d6c85ec3a87c28b88.html。

③询问员工对未来工作偏好的类型。

④安排员工回国了解国内总体环境与总公司内的变动情况。

⑤在员工回国期间，安排其与总部部门经理及主管面谈。

(2)回任前3～6个月。

①向员工及其家庭提供回任前的培训课程。

②提供驻外期间国内社会发展趋势简报，并分析该趋势对国内生活形态的影响。

③请员工列出其在个人及工作上的5～10个期望，以发现是否有误解或错误预期。

④提醒驻外家庭挪出时间向当地朋友道别。

⑤解释组织在迁移、回任上的相关程序及政策协助。

⑥告知回任人员国内房产市场状况及组织提供的融资政策。

(3)回国后。

①安排回任员工及其家庭与其他海外回任家庭聚会，借由小组聚会获得的有关学校、医院、新居附近服务资源的资讯，可以协助回任员工及其家庭尽快适应国内的生活。

②指派一位专任咨询或辅导人员协助回任人员了解公司新制定的政策、新开发的技术及产品。此外，可向回任人员提供一般性支持以减少其在回任过程中可能遭遇的困难及文化冲击。

③考虑雇佣一位就业顾问，协助回任员工的配偶重回就业市场或借由驻外期间所获得的技能重新开展其职业生涯。

④帮助回任员工了解新居至公司较佳的交通路线。

(4)回国后数星期。

①请回国家庭对海外的生活情景及所需的语言能力做一份简报。

②彰显出对回任员工海外经验的重视。

③确认成功驻外所需的个人性格特质及其属性。

④询问回任员工组织应如何协助外派人员调适驻外生活。

⑤询问回国家庭是否愿意帮助公司其他即将驻外的家庭做外派前的训练。

(5)回国后3～6个月。

①在回任训练小组中，借由对调适形态、步调及感觉的讨论，了解回任员工所受到的文化冲击。

②确认员工在驻外工作时所获得的新技能及知识。

③评估员工的新技能如何在工作中有效发挥。

④鼓励员工对组织应如何有效利用其国际运营经验提出建议。

⑤重新对回任调适过程作评估，以确认回任员工及其家庭尚待解决的问题。

⑥对于现有的尚待解决的问题提供组织上的协助，调适过程的完成，有助于回任员工在组织内的生产力的提升。

第9章　打造全球管理者

跨国企业的成功经营离不开成功的管理者,其需要具备全球视野,而海外派遣对于管理者培养全球视野具有非常重要的意义,能够帮助开发和塑造全球管理者。本章将从管理者如何管理多元化团队,以及如何管理跨文化下的劳动关系两个方面来阐述如何培养全球管理者,以期让读者了解"培养全球管理者"的相关问题及在实践上的意义。

9.1　外派对培养全球管理者的作用

培养造就一支人员充足、结构合理、素质优良、表现卓越的国际化人才队伍,是中国企业建设成为大型跨国集团的根本保证。国际化人才是指,具有扎实的国际经济金融理论基础、宽广的世界眼光和较高的战略思维能力,熟悉国际化业务及相关国际规则和国际惯例,至少精通一门外语,能够在境内或海外从事各类国际化业务和跨文化经营管理的人才。全球管理者即属于国际化人才。

培养开发国际化人才,必须遵循人才成长规律。要成为国际化人才,必须坚持诚信的职业操守,忠诚于企业事业,爱岗敬业,恪尽职守,同时培养良好的专业精神与专业技能,创造业绩,体现市场价值。而只有在激烈的国际竞争中经受考验、站稳脚跟,创造出经得起时间检验的业绩,自身的能力和价值才能得到市场认可。

人才要注重实践,在干事创业中成长。人才成长进步的舞台是实践舞台,只有实践才能把知识转化成能力,使人才在实现自身价值的同时为企业创造价值。检验人才的标准也是实践,只有在实践中才能真正发现人才、识别人才、培养人才。各级机构要为国际化人才搭建施展才华、培养才干的事业平台,人才自身也要发挥干事创业的激情,主动融入跨国经营实践,在实践中得到锻炼,增长才干。

跨国公司站在经济全球化浪潮的浪尖上,积极带动着经济全球化的发展,随着全球经济一体化的日益深化,我国许多大型企业集团纷纷走出国门,加入跨国公司的行列。当今跨国公司的人力资源管理需要创建新的模式和流程来培育具有"全球化的敏锐感知、较高效率和较强竞争力的员工",从而为公司赢得未来竞争的战略优势。对于跨国公司来说,人员外派是培养高素质国际化人才的主要手段之一(程熙,2013)。

企业外派员工有利于促进其海外机构的发展,也有利于境内总公司与海外机构的业务联动,是培养国际化人才的重要途径。总公司可以通过部门推荐与公开招聘相结合的方式,建立专业齐全、结构合理、规模较大的外派人才后备库,并出台一系列鼓励优秀员工争取外派的措施,提高外派吸引力。今后选拔长期外派人员、短期外派人员、短期交流人员等到海外机构工作、交流时,都可以首先从外派人才后备库中挑选。同时,总公司应建立以公开招聘为主,以对口支持、条线选派、总公司直接选派等形式为辅的外派人员选派新模式，以形成公开公平、竞争择优、有序流动、充满活力的外派工作新局面。对于条件艰苦的欠发达地区的海外机构，可由地理位置相近、业务往来密切的境内公司和海外机构对口支持。对于部分因全球业务和管理布局需要而设置的重要外派岗位，可由总公司有关条线选派。对口支持和条线选派的人选一般应从外派人才后备库中产生。对于部分关键岗位（如二级机构主要负责人）、重点培养对象和时间紧、专业偏、人选稀缺的岗位，可由总公司直接选派。总公司应进一步鼓励优秀员工从事外派工作，尤其是到条件艰苦的欠发达地区的海外机构工作（李华和张湄，2004；程熙，2013）。

将员工派遣到海外进行工作，不仅管理起来非常复杂，而且成本极为高昂。但目前全球依然有大量跨国企业进行人员外派，其中接近50%的跨国企业预计会在未来增加外派的人数。究其原因，外派人员对于跨国企业培养全球管理者来说具有不可替代的意义（刘雅静，2016）。

（1）国际任职有助于外派人员获得在全球背景下制定成功战略所需要的技能。拥有外派经验的人员，在未来担任全球管理者时能够制定有效的国际战略决策，更好地理解外国顾客以及外国的政治、经济、法律、技术等宏观环境。

（2）国际任职有助于跨国公司通过培养全球管理者协调和控制在地理和文化上分散的经营活动。与企业有着相同观点和目标的外派人员在将企业的需要和价值传递给在文化与地理上分散的子公司的过程中，发挥着纽带作用。此外，外派人员还掌握了当地第一手资料，能够及时将相关信息送达总部。

（3）国际任职提供了重要的战略信息。与总部人员的短期访问相比，典型的海外任职时间较长（2～5 年），从而使外派人员有足够的时间收集复杂的信息，能够更加了解海外与境内机构的情况，进而使外派人员拥有全局观，做出更合适的决策。

9.2 管理多元化团队

9.2.1 多元化团队的概念

随着全球化进程的加快，一方面，我国有越来越多的企业到海外开展实质性的国际化经营；另一方面，也有大量外资企业在我国进行投资。通过这种"走出去"和"引进来"的方式，中国企业的工作环境日趋呈现出跨文化特征，员工队伍也越来越多元化。跨文化的员工队伍是企业多元化的一种表现。诸多研究结果显示，多元化是一把"双刃剑"，多元化的员工队伍在激发创新、促进学习和决策的同时，也可能会因为认同危机而导致员工间产生矛盾冲突。因此，有效地理解和管理员工多样化对于企业至关重要（董临萍等，2018）。

多元化团队即团队成员多元化，也称为团队成员多样化或团队成员异质性，是国内外学者在团队研究中的一个重要课题。对于团队成员多元化，不同的学者存在不同的理解，但目前获得普遍认可的是由 Harrison 等（1998）所提出的看法。他们认为，多元化包括表层多元化和深层多元化，也称为外部差异和内部差异。表层多元化即外部差异主要是指与人口统计特征有关的一些背景特征，如年龄多元、性别多元、民族多元、教育背景多元、语言多元；而深层多元化即内部差异则涉及个体的态度或个性，如价值观、文化、信仰、性格等。他们还认为，表层多元化的影响力会随时间推移而减弱，深层多元化的影响力则会随时间推移而加强(孙涛，2013)。

9.2.2　多元化团队对人力资源管理模式的影响

人力资源的多元化使得员工具有广泛领域的知识和技术可以为企业所用。不同的员工有不同的观点和思维方式，能使企业考虑到事物的方方面面，从而使企业作出更好的决策。当然，多元化也会给组织的人力资源管理带来负面影响。由于多元化员工的独特性和自主性都很强，他们对事物难以形成一致的意见，也不会轻易接受组织强加给他们的观点，因此，企业很难在他们中间树立一个公认的标兵或榜样以作为员工行为的参照，这也对企业人力资源管理的传统模式提出了挑战。以下就员工多元化对几种重要管理模式的影响进行简单分析。

1. 对文化管理模式的影响

多元化的员工会带来多元化的文化。而每个员工的文化背景往往是潜藏在员工的价值判断前提和基本假设中的，面对员工多元化的价值观和需求，企业应当建立新的文化管理模式，将多元的价值观转变为一个大多数员工认同的价值观，即企业核心价值观，以增强组织的凝聚力，保证组织成员有一致的努力方向。要实现这一转变，企业可以采用整合和同化的方法。整合是指组织在求同存异的基础上，把多元的价值观融合成一元的价值观。同化就是指组织在确认一个多数员工认同的价值观后，想办法使少数有不同价值观的员工认同这一价值观，然后在组织环境中形成统一的价值观，达到把多元价值观转化为一元价值观的目的。

2. 对人才需求及招聘模式的影响

不少组织机构在招聘员工时，仍然保持着一元的思维方式，即只考察应聘员工的岗位技能，而忽略或未意识到员工的多元化配置。目前，招聘中仍普遍存在着限制性别、年龄的情况，一些招聘人员也认为学历、职称越高越好，工作经验越丰富越好，甚至还出现过在招聘条件中附带籍贯限制或血型限制的荒唐现象。多元化员工的招聘观念则截然不同，它要求负责招聘的管理人员突破传统思维模式，有意识地招聘多元化的员工，并在招聘的同时充分考虑员工的合理匹配，以为实现多元化员工配置优势奠定基础。

3. 对员工培训模式的影响

目前，我国企业的员工培训方式比较单调，授课方式死板，课堂难抓住受训者的心理等，特别是在面对多元化的员工时，其弊端更加凸显。由于员工的特长、爱好、教育背景等不同，因此需要企业根据具体情况来制定不同的培训方式。例如，可以采取"自助餐式"的培训方式：企业可以每月安排一个培训周，每天下午提供 1～2 小时的公开培训课，内容涵盖公司产品业务介绍、行业趋势、职业心态及素质、个人兴趣及时尚等多方面，员工可以自主报名享受"自助餐"。公司还可以在部门建立二级培训体系，把 50% 的培训经费拨到部门,由部门开展特色培训。当内部培训无法满足需要时,员工还可以选择外部培训,只要有益于工作,公司都应给予资助。

4. 对激励模式的影响

一提起员工激励,很多人就会想到涨工资或发奖金,实际上员工激励的形式是多种多样的。根据激励的性质,可以将激励分为物质激励、环境激励、成就激励、能力激励四种形式。

(1)物质激励包括工资、奖金和各种福利,它是最基本的激励手段,决定着员工基本需要的满足情况。

(2)环境激励包括单位良好的规章制度、和谐积极的文化氛围、优越的办公环境等。

(3)成就激励包括组织激励、榜样激励、目标激励、绩效激励等,用于满足员工心理上的需求。

(4)能力激励包括给员工提供培训的机会、适合自身发展的工作岗位等,以满足员工发展自己能力的需求。

而对于多元化的员工,企业需要考虑具体情况,改变传统的物质激励模式,以适应员工需求的多元化。例如,对于老龄员工,虽然物质激励对其也有一定的作用,但老龄员工之所以重回工作岗位,最主要的原因是工作能使其生活充实,发挥余热。这样一来,对老龄员工的激励措施就应不同于年轻员工,需要考虑他们的实际需要。

5. 对人才测评模式的影响

劳动力的多元化要求企业对应聘人员的测评也采用多元化的手段。这些手段包括:用于了解应征者大致情况的履历表和应征人员登记表、用于了解相关知识和技术水平的笔试、用于了解个性特征和心理素质的各种心理测验(包括人格个性测验、气质测验、智力测验、多种能力倾向测验、职业兴趣测验等)、用于在控制条件下测定实际操作能力的情境模拟测试、结构化与非结构化面试以及日益普及的计算机测试等。

在多元化的新时代,组织中的员工越来越具有多元化的特征,因此,组织的人力资源规划和管理也应当适应多元化的趋势。

9.2.3 团队多元化对管理者的要求

随着全球化和多元化的推进,未来的企业领导者应逐渐认识到,多元化的文化以及全球化的思维是我们的重要资源。领导者要适应未来多变的环境,就必须利用好这些资源,考虑范围更大的全球化问题和多元化文化的挑战,具备开放的视野和价值观。

但是,这些重要的资源是一把"双刃剑",它既给我们带来前所未有的机遇,也带来重大的挑战,而挑战的一个重要方面就是在文化交往中有可能产生误解。由于个体成员的文化、性别和个人背景多样,这就要求置身其中的领导者能够适应多元化文化及其带来的多元化张力(diversity tension),即伴随着分歧和共同点所形成的压力和紧张感。全球化领导者的任务不是使这些紧张感最小化或者消除紧张感,而是把它当作变革的一种创造性动力,在出现矛盾、分歧和压力的情况下进行总结,并作出高质量的决策。同时,领导者还应当影响组织成员，帮助他们学会理解并适应多元化张力，这些对于他们取得成功非常重要。

1. 领导者要接受多元化的价值观

领导者必须理解多元化文化以及它是如何影响组织成员的，并且积极地看待多元化文化在世界观、生活方式、沟通方式以及道德和礼节上的差异。认识多元化意味着要去理解一种独特的文化，包括领导能力和工作方式、决策方式、信息共享方式以及激励。为了能在多元化环境中卓有成效，领导者必须意识到并感受到不同人员和环境的重要差异，即能发现截然不同的观点并进行补充，允许"百家争鸣"、各抒己见。

领导者必须具有能让员工畅所欲言、充分尊重他人、能强化包容性及排除狭隘性、不否认差异的特质。未来多元化背景下的领导者无须取代任何人的位置，但是他必须接受和理解以下事实：员工可以采取许多不同的方法、立场和工作方式来实现目标，并且能够在今后的环境中取得成功。换言之，全球化领导者必须了解员工来自何处，但是不必前往那些地方。

2. 领导者要利用多元化文化

未来全球化领导者的关键技能是灵活性以及自我控制的能力，不能给其他观点简单地贴上"正确"或者"错误"的标签。在这个不断发展的环境中，每一个问题都有许多种不同的解决方案和方法；每种文化以及每个人都会而且都将带来一种独特的沟通风格和工作道德规范；每个人、每个组织、每种文化都有自己独特的决策和领导风格。传统的"首先在共同的目标上取得一致，然后让组织按照一种对于他们的文化和环境所必需的方式去工作"的工作方式已经不适合多元化的环境。这一点非常重要，如果让不同国家的组织都遵循同一种工作方式，那么就不能保证有一个舒适的工作环境，因为每件事情都不可能做到完全标准化。与来自不同背景的人一起工作，不但需要了解他们的个性，而且需要了解自己和他们的背景以及是什么塑造了他们的价值观系统，然后以自己的观念影响他们，而不是将自身的观念强加给对方。

3. 领导者要懂得激励员工

激励成员意味着尊重成员、替他们着想，并且欣赏他们。组织的领导者在对待不同成员时，容易产生不同的误会。因此，组织要使他们对职位以及他们在组织中的发展感到满意。企业员工多元化使得企业中存在完全不同的观点、需求、期望和贡献。因此，领导者应当适应不同成员的特点，以便激励成员，实现有效领导。这种适应的很大一部分包括领导者界定个人和团队角色的能力，以及理顺职责和责任的能力。要想开发日益多元化的劳动力资源，需要领导者鼓励和指导成员在他们擅长的领域工作，并且建立具有互补力量的成员团队。领导者还必须利用自己的能力去鼓励来自不同部门和组织的成员，使他们从组织的目标中发现共同的事业。要做到这些，未来的有效领导者要与组织成员建立合作伙伴关系，以便了解每位成员的优点、需要、所期望的事业发展道路。通过稳步发展这种关系，成员也会对工作充满热情，从而增强组织的力量。

4. 领导者要向成员传授多元化的价值体系，从而增强组织的凝聚力

未来的全球化领导者不但自己需要理解其他工作方式，还应当成为指导老师，帮助别人学会欣赏和重视差别。一个成熟且多元化的团队将孕育有价值的自由讨论、充满想象力的问题解决方案和对策、独特的战略计划愿景以及赋有创造力的开拓性思想。未来的领导者应当成为重视多元化的榜样，通过自己的行动告诉周围的人哪些行为可以接受，哪些行为不可以接受，并且要协助教育组织成员如何更加敏锐地感受差异，使他们有能力有效沟通、解决冲突。

5. 领导者应注重运用好本土化的人才测评

人才测评技术是人力资源管理的核心技术。国外的人才测评是为了适应企业的素质管理需要而建立的一种素质衡量工具。整套素质模型涉及素质获取、素质配置、素质开发、素质维持等流程(图 9-1)。素质模型是人才测评的基础，而素质模型与人才测评的比较结果将用于素质的获取(招聘)、素质的配置(定岗)、素质的开发(培训)、素质的维持(激励)等方面。通过人才测评所招聘到的人才必须通过素质配置、素质开发、素质维持等方面将其保留及提升。

我国的人才测评行业兴起于 20 世纪 80 年代中后期，随着外资企业进入我国，并在招聘员工时大量使用现代人才测评技术，人才测评引起了我国企业的重视。随后国内企业纷纷开始运用人才测评技术，然而经过近 20 年的发展，我国的人才测评技术仍然停留在借鉴西方的技术上。并且我国企业使用的一些测评软件已经明显表现出"水土不服"，这使得企业在运用这些测评软件的过程中并没有取得应有的效果。因此，企业的领导者要充分考虑影响企业员工的各种因素，选择比较好的人才测评服务商，让他们针对本企业的具体情况提出个性化的方案，如素质模型的个性化制定、测评工具的个性化开发、测评实施的个性化设计、测评结果应用的个性化辅导等(何慧卿，2008)。

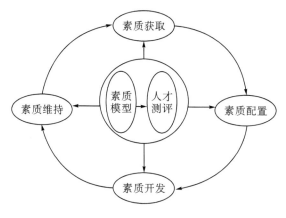

图 9-1　素质模型

9.2.4　如何管理多元化团队

现在众多的企业正在走出国门，逐步迈向国际化，员工多元化是必然趋势，而结合自身特点，向国外跨国企业学习管理经验，能更快满足企业发展需要。"他山之石可以攻玉"，多学习、多思考、多实践，可让企业在世界舞台上快速崛起并发展壮大。在对多元化员工进行管理时，可借助"五项修炼"的管理思想，从改善心智模式、鼓励多元文化相互兼容、树立共同的愿景目标和构建异质性团队等方面着力。

1. 改善心智模式

面对多元化的员工队伍，管理者和员工都需要改善自己的心智模式，培养全局性系统化的思维模式；把握和利用环境中的多样化资源为自己和组织服务，站在更高的立足点思考和解决问题；透过事物的表象，抓住本质，明确事物之间的联系和主从属性，在各种冲突力量中找到平衡点。

2. 鼓励多元文化相互兼容

员工多元化一定存在文化多元化，对多元化员工的管理需要鼓励组织内各种不同文化相互兼容，取长补短。在追求员工自我实现时，鼓励员工自我超越，这也是跨国企业必须要有的前瞻意识。员工通过自我超越可以超越固有的思维局限，超越固有文化的桎梏，融汇多样化的文化价值观，进而超越自己的能力边界，不断挖掘自己的潜力。

3. 树立共同的愿景目标

多元化的员工队伍，最需要的就是明确统一的目标。有了目标，员工心往一处想，劲往一处使，自然就会团结在一起，这也是解决差异化最有效的方式。目标的建立需要注意两点：一是目标设定要满足的原则；二是应鼓励员工积极参与目标设定，让员工理解目标并愿意为之奋斗。

4. 构建异质性团队

多元化员工具有异质的心智偏好，这是组织的巨大财富，组织应充分利用好这一资源。异质性团队中，员工之间相互学习借鉴，优势互补，具有较高的创造性和创新性。组织应根据经营发展战略需要，构建具有特定知识技能组合及心智偏好的异质性团队，发挥整合优势（胡蓓，2010）。

他山之石 1：直接的奖励还是明确的工作任务？ [①]

2014 年，王某所在的荷兰公司发展较为稳定，所以增加了两名员工，他们主要负责项目运营期间的管理工作。因为公司业务的特殊性，公司一般从 8 月开始忙到次年的 4 月。因为夏季日落时间太晚，所以灯展的业务非常少，5 月初到 7 月底一般就是比较空闲

[①] 案例来源：根据某公司员工的访谈整理。

的时候，这也意味着项目管理人员在这期间没有太多具体的事情可以做。而这个阶段业务人员却不能松懈，他们要为未来的业务增长努力。为了解决忙闲不均的问题，且维持一个较平衡和和谐的工作环境，王某的公司提出了一个解决方案，即在项目管理人员不忙的时候，公司给其提供参与业务拓展的机会，也就是说，项目管理人员可以自愿参与指定范围内的市场拓展，若成功开发业务，享有和业务人员一样的提成。这个提议对于公司来说，既可以解决团队内部工作量不平衡的问题，还可以在员工创收的同时拉动公司的业务发展，激发大家的工作热情，本身是好事情。可过了很长一段时间，王某公司出现的情况却是，这些项目管理人员都不积极参与，问其原因，他们的回复是，这并不是他们的主要任务，也不会成为他们以后职业发展的主线，尽管奖金有吸引力，但他们职责范围以外的东西不会构成他们职业发展的核心竞争力，因此他们对此没有太多的兴趣和动力。他们希望自己的工作职责是明确的、专业的，而不是多元的。

但公司的工作量不平衡问题仍然需要解决，所以王某他们又做了一次变更。这次是要求，而不是提议，不是自愿选择，是硬性工作安排。王某的公司明确提出了这个规定的目的、具体要求，以及这个工作将被纳入员工的年终考核等。

结果是，公司能明显感受到大家工作的主动性，项目管理人员会主动与业务部的同事探讨工作开展办法、主动参与业务人员与客户的会议等。

这个例子告诉我们，给予员工直接的奖励并不会激发他们的积极性和动力，而明确的工作任务和评价系统能强有力地驱动员工的工作主动性。

他山之石 2：关于外派 CEO 交接会的冲突[①]

IB 国企新近派出一名 CEO 到其欧洲机构与前任 CEO 进行工作交接。按照惯例，总部会通知欧洲机构进行一次视频交接会，需要 CEO、副总、全部外派人员参加。由于该机构的 CEO 及副总均为外派人员，因此所有参会人员全部为外派人员，包括一般外派人员及外派管理人员。

会议按照议程进行了准备，并通知了全体参会人员。但是在开会之前忽然有两名外籍员工要求参会，人事部主管解释会议将以中文进行，外籍员工无法听懂，但这两名外籍员工坚持希望参会。因此，新任 CEO 同意这两人参会。会议按照总部惯例进行得比较顺利，总部结束视频会议后，新任 CEO 又用英文给两位外籍员工简单介绍了会议内容，并宣布将在两周内为前任 CEO 召开欢送会。

会议结束后，新任 CEO 偶然听到未参加会议的外籍员工评论此次会议不邀请当地员工参加是严重歧视。新任 CEO 立刻意识到该机构之前肯定存在过一些外派员工和外籍员工的矛盾，因此立刻与人事部主管进行商议。人事部主管也向他汇报已经接到当地外籍员工的投诉，他们认为交接会非常重要，不邀请外籍员工参加是严重歧视，言辞非常激烈，甚至爆出粗口。

结合会前外籍员工要求参会，会后听到的反映，新任 CEO 立即决定于下一个工作日

---

① 案例来源：根据某公司员工的访谈整理。

召开全员交接会，并同前任 CEO 进行商议。前任 CEO 认为已经召开了交接会，没必要再开，而且所有程序都是按照总部规定进行的。在新任 CEO 的协商下，前任 CEO 最终同意召开。因此，人事部进行了准备并通知全员参会。

会议召开前，人事部进行了精心准备，同时新任 CEO 也做了就职演说准备，并专门制作了一个 PPT。对于个别外籍员工爆粗口的问题，新任 CEO 与副总及该员工的部门主管商议后决定，将严肃处理，甚至开除。同时该员工的部门主管也提出，该员工业务能力较强，主要是性格比较强势，而且之前可能存在一些误会，因此才会表现得如此激烈，希望给该员工解释的机会，可以考虑给她一定的训诫，但不要开除。新任 CEO 表示同意进行调查并听取解释，但是如果该员工存在恶意煽动行为，将严肃处理。

全员交接会召开得非常成功，气氛比较融洽，新任 CEO 也就总部交接会惯例进行了解释，表示总部是以"直接管理人员"为范围召开会议的，上一次交接会因为巧合才表现为参会人员全是外派人员。在其他国家的交接会上，经常有外籍副总参加，会使用英语或其他语言，并无区分外派员工和外籍员工的意图，因此不存在任何歧视。爆粗口的外籍员工在会议上立即进行了道歉和解释。新任 CEO 表示将对全体员工一视同仁，打造一个团结、奋进、协作的团队。

会后，爆粗口的外籍员工先后向副总、新任 CEO 再次道歉，并表示她是因为对之前的管理有一定意见，才会对会议造成误解，一时激动爆出粗口，绝无主观恶意，请新任 CEO 给她改正的机会，她今后一定注意控制自己在办公室里的言行和情绪。新任 CEO 表示认可其解释和道歉，同时指出其在工作中的一些不足。该员工表示一定进行改正。最后，新任 CEO 要求其向人事部主管道歉。该员工随后向人事部主管进行了诚恳道歉。

此事结束后，新任 CEO 进行了总结：①之前的管理可能存在一些跨文化的误解；②当地员工非常重视人权，非常重视仪式感，渴望交流，渴望被认可；③在今后的管理工作中主动打造一体化文化，将企业文化与当地文化相结合；④将工作语言明确为英语，若因工作需要开会，不区分外派员工及外籍员工，促进协作；⑤工作之余，考虑全员多沟通，以咖啡会、茶会、生日会等形式增进员工之间的感情及相互了解，增进当地员工对中国文化的了解及认同。

9.3 跨文化下的劳动关系管理

9.3.1 劳动关系的定义

企业劳动关系是指企业组织中存在的管理方与雇员之间、管理方内部及雇员内部的权利安排，以及由这种权利安排所形成的人员行为方式、人员间的关系、矛盾冲突和协调冲突的机制。关于劳动关系的表述有很多，如产业关系、劳动关系、劳资关系、雇佣关系等（周青，2009）。

劳动关系从本质上讲是一种经济利益关系。因为劳动关系是一种产权关系，产权必然和经济利益联系在一起。劳动关系的双方——雇员与管理方（严格来说是企业主）作为两个不同的产权主体,是为了实现各自的利益才通过一系列契约走到一起,形成企业劳动关系,企业是契约的连接体。因此,企业劳动关系的构建和劳动争议的处理,必须充分考虑劳动关系双方的经济利益,以最大限度地满足双方的经济利益为基本原则。劳动关系的协调与否很大程度上取决于雇员的经济利益要求能否得到满足,以及作为独立的产权主体,其利益能否得到充分的体现(胡锋,2003)。

但是,劳动关系又不仅仅是一种经济利益关系。企业不但是员工实现其经济利益的场所,同时也是一个进行情感交流的地方,是雇员实现自我价值的一种载体。

在某种程度上,企业甚至扮演了部分"家"的角色——这一点日本企业表现得尤其突出。日本企业实行终身雇佣制,而日本的企业家也认为,一旦员工进入企业,企业就必须为员工的生老病死负责。因此,日本的员工几乎把企业当成自己的第二个家。根据马斯洛的需求层次理论,人们的需求是多方面的,且需求之间是一种递进关系,即只有当前一种需求得到满足才会产生下一个需求。他认为,人类有五种呈递进关系的需求:生理需求、安全需求、社交需求、尊重需求和自我实现需求。生理需求和安全需求是低层次的需求,相当于经济利益需求。除此以外,员工还有社交需求、尊重需求和自我实现需求等高层次的需求。这些需求是客观存在的,非简单的经济利益所能涵盖。因此,劳动关系并非一种纯粹的经济利益关系,而是一种比其他任何一种经济关系都更多地渗透着社会、文化及政治关系的经济关系。跨国公司在跨国经营中遇到的棘手问题之一是如何协调和管理具有多元文化背景的员工,其劳动关系的处理面临着更多文化因素的挑战。跨国企业的经营管理人员常常希望生活在其他文化环境中的人们能按自己的方式处理问题,也希望他人的工作责任和权利与自己所处的环境中的一样,但这些想法往往落空或遭遇失败。如果经营管理人员没有意识到自己的想法是片面的,甚至认为员工是和自己过不去,则会使管理方与雇员之间的关系处于紧张状态,长期下去,则会使劳动关系趋于恶化。

9.3.2　文化对企业劳动关系的影响

国内外学者在文化对劳动关系的影响方面已经做了一些积极的探索。国内有学者研究认为,不同国家的文化存在一定程度的差异,再加上语言翻译、日常生活习惯以及正式沟通渠道等问题,会导致不同文化背景的人之间缺乏有效沟通。并且,有学者认为,劳动关系也是一种文化关系,须在职业道德、价值观等文化方面进行协调以达成共识,并依照劳动文化实践及其运行规律去规划和建设,以减少冲突。国外学者如霍夫斯泰德等也从文化的角度对劳动关系进行了研究,并指出文化是建立在成员心中隐含的基本假设上的,当成员的基本假设与企业劳动关系实践相悖,便会引起激烈的冲突。

从宏观文化角度看,语言障碍、日常生活习惯、价值观等会对不同文化之间的沟通造成障碍;从微观角度出发,企业可以通过构建文化协调机制,使劳动关系涉及的各方在劳动伦理、职业道德、工作责任等方面达成共识,并以文化这种"软管理"的形式调节劳动关系。在不同的历史文化背景下,当企业和员工对工资标准、劳动环境等有不同理解时,沟通障碍会加剧劳资纠纷(李晓威和李长江,2016)。

9.3.3　跨文化劳动关系管理策略

在处理文化差异和解决跨文化管理问题上，瑞士管理学者苏珊·施奈德和法国学者简·路易斯·巴尔索科斯提出了对待和处理文化差异的战略方法；美国学者保罗·布勒等针对跨国经营中存在的跨文化道德及价值观冲突，提出了管理跨文化冲突的决策树模型；加拿大跨文化组织管理学者南希·爱德勒提出了解决跨文化冲突的三个方案，即凌越、妥协和协同。这些管理方法和模型，对于实际解决跨文化冲突有重要的借鉴意义。本书在参考众多学者专家理论成果的基础上，总结出以下跨文化劳动关系管理策略(周青，2009)。

1.　跨文化沟通

引起文化冲突的一个重要原因是沟通出现障碍或沟通不足。沟通出现障碍或沟通不足会导致中外员工之间对文化有错误认知和误解，进而产生反感情绪。因此，进行有效的沟通是控制文化冲突的重要策略之一。为了保证跨文化沟通的质量，在沟通过程中要采取适当的措施扫除组织沟通经常面临的一些障碍。

1)使用统一的语言

语言是文化的载体和直接表现形式。在组织沟通中，人们主要是通过语言来表达自己所要传达的思想、观念和事实。语言是有效沟通的基础，如果在组织中不使用统一的语言，可能无法进行沟通。一般来说，驻外跨国企业使用的通用语言是英语，而适量掌握对方国家的语言(英语非其母语)也有助于外派员工与当地员工的联系及沟通。

2)使用通俗易懂的语言

虽然通过使用统一的语言在一定程度上可以方便跨国公司员工之间的沟通，但是对于英语非其母语的员工而言，毕竟使用的是第二语言，其对语言的熟练程度有限，因此，外派员工在进行跨文化沟通时应该尽量使用通俗易懂的语言，从而减少跨文化沟通中的语言歧义和误解。

3)积极倾听

倾听是有效沟通的前提。只有集中注意力倾听对方所说的内容，才能避免因分心造成的信息遗漏，并有效调动沟通者的情绪，从而提高沟通效率和沟通的准确性。

4)提高沟通者的语言表达能力和理解能力

在跨国企业中，因文化背景和使用的语言不同，在使用统一的语言后，非母语的语言表达能力和理解能力大大降低，这是跨国企业出现文化沟通障碍的重要原因。因此，需要中外双方员工都提高跨文化沟通能力，尤其是语言表达能力和理解能力。

5)了解自己，改善沟通态度

了解自己就是要识别那些大家都具有的态度、意见和偏向性的简单行为，它们不仅决定我们说什么，也决定我们如何理解别人说的内容。了解自己的倾向性与民族中心主义的程度，就为识别这些倾向、程度并加以处理创造了前提。隐藏在内心的先入之见，是引起跨文化沟通中诸多问题的重要原因。

了解自己还包括去发现我们对世界其他部分进行描绘后所得出的种种印象，即我们如何进行沟通。要想改进沟通，了解别人对我们的反应，我们就必须了解不同文化背景下的人怎样感知我们的某些观念。如果对怎样表现自己以及个人和文化的沟通风格都有相当明确的了解，我们就能够更好地理解他人的反应，并且在从一种沟通情境转入另一种沟通情境时就能够在沟通方式上做出必要的调整。从制度上而言，要想在了解的基础上改进沟通效果，开展与文化因素相关的培训就相当重要。对于跨国公司来讲，为了提高海外子公司人员沟通的有效性，母公司应根据不同国家文化环境特点，因地制宜地制定培训计划，让驻外管理者尽快适应当地的文化环境，避免文化差异带来的负面影响，提高管理者和员工双方的心理承受能力。

2. 认识文化差异

有效的文化沟通为认识文化差异奠定了良好的基础。中外员工除了可以在日常的工作和生活中通过沟通来了解彼此国家的文化差异外，还可以通过跨文化培训来认识和了解文化差异。跨文化培训主要包括以下内容。

(1)对对方国家文化及原公司文化的认识和了解。培训方式包括开展研讨会、课程、语言培训、讨论和模拟演练等，或员工个人通过书籍、网站了解。

(2)文化的敏感性培训。训练员工对当地文化特征的分析能力，让员工弄清楚当地文化是如何决定当地人的行为的，并让员工掌握当地文化的精髓。较为完善的文化敏感性培训能使员工更好地应对不同文化的冲击，减轻他们在不同文化环境中的苦恼、不适应或挫败感，促进不同文化背景的人之间的沟通和理解，避免他们对当地文化形成偏见。

(3)文化的适应性训练。外派员工到海外工作或者出差，让他们亲身体验不同文化的冲击，或者把他们留在国内，与来自不同文化背景的人(如总部的外籍员工)相处，由此员工可以通过实践经历和海外出差获取应对其他文化的技能，这也就是所谓的"丢到水里学游泳"的方法。这种方法是令人痛苦的，但最终将会激发学习的过程。

(4)跨文化沟通及冲突处理能力的培训。建立各种正式或非正式的、有形或无形的跨文化沟通组织与渠道，让外派人员了解对方的沟通方式、管理方法、经营理念等。通过跨文化的沟通和冲突场景的模拟或实训，使外派人员在冲突原因的理解、沟通方式的选择、冲突如何有效处理等方面的能力得到提升。

3. 尊重其他文化

在现实生活中，每个人都希望得到别人的尊重，希望别人尊重与其有关的一切事务。但尊重是相互的，想得到别人的尊重，首先必须尊重别人及与其有关的一切事务。在跨国企业中，员工来自不同的国家，他们都有自己独特的国家文化和企业文化，每个员工都希望自己的国家文化和企业文化能得到其他员工的尊重。因此，相互尊重在跨国企业中显得尤为重要，它是避免文化冲突的基础。

要做到尊重其他文化，首先，要做到善于发现其他文化的合理性。每一种文化都有其存在的合理性，认识到这一点非常重要。许多成功的跨国企业都是善于发现东道国文化合理性的典范。例如，日本松下公司在与中国北京显像管总厂等企业合资时，其总裁松下幸之助就认为，中国的企业有良好的文化熏陶和优秀的基层党组织，这是中国企业的最大优势。正因如此，松下公司非常尊重中国的企业文化，积极吸收中国文化，成功地在北京建立了联盟共同企业文化。

其次，还要做到换位思考。在跨国企业中，员工们友好相处的一个重要原则就是从对方的角度而不是从自己的角度去思考问题、分析问题。这样做的意义不在于使不同国家的员工反对、压制彼此的文化，甚至试图改变彼此的文化，而是让他们有意识地去理解和利用彼此的文化，从而实现相互理解，并在此基础上解决由文化差异引起的各种冲突。

最后，要克服"自我中心主义"倾向。在社会化过程中，人们都在不断接受本国民族文化的熏陶，从而形成了以本民族文化为中心的价值观和行为模式，它是在不知不觉中得到发展的，因而也常常会在无意识中表现出来。"自我中心主义"会让人感觉到没有得到尊重，从而危及人们之间的交往、信任和合作。因此，跨国企业的员工要尽自己最大努力克服"自我中心主义"倾向，真正做到从心底尊重其他国家的员工，而不是只做表面文章。

4. 选择文化整合模式

文化的整合，是形成新的文化形态的过程，或外来文化有机地融入本土文化的过程。它是文化融合的动态过程。文化整合主要有以下三种模式。

1）协调式整合

美国人类学家雷德费尔德认为，文化的整合是各文化特质的协调过程，是目标、价值观、信仰、风俗、认知、情感的相互协调。整合有两种情形：一种是围绕一种原生文化特质的生长性整合，它最终自我生长、自我发展、自我完善、自成体系；另一种是相异或矛盾的文化，其特质在相互吸收、涵化过程中协调适应成为一个整体化的文化的过程。在本书中，文化整合主要指后者。

2）模式化整合

美国人类学家本尼迪克特认为，文化的整合过程是模式的形成过程。在模式的整合中，不同文化特质被整合成新的模式。例如，日本将外来的契约文化与传统雇佣关系中的誓约和担保关系整合成"缘约"模式，从而将契约、誓约和担保关系有机地结合起来。

3）反应式整合

反应式整合是指一种文化在接触、吸收、涵化异文化时，在维持原有秩序的基础上，把新的文化特质整合进原有的文化体系中。反应式整合包括对创新的选择，也包括对外来文化的选择和适应。

文化整合模式的选择不是由单一因素决定的，而是受双方的民族文化、企业的管理模式及集权化程度的影响。好的文化整合模式是决定跨文化整合效果的关键，跨文化整合应该考虑跨国并购双方文化的具体情况，并认真加以比较和选择，以达到最佳的整合效果。

5. 形成共同的企业文化与企业目标

跨国公司的企业文化是在文化融合的基础上建立起来的，它是指跨国企业在一种文化中经营时所遵循的准则、价值观和信念。由此可见，价值观是企业文化的重要组成部分，建立共同的企业文化首先要建立共同的价值观。价值观是一种比较持久的信念，它决定了人的行为模式、交往准则，以及如何判断是非、好坏、爱憎等。不同的文化具有不同的价值观，人们通常对自己国家的文化充满自豪，会有意无意地把自己国家的文化视为正统，而认为外国人的言行举止稀奇古怪。但事实上，这些看似古怪的举止、价值观对于他们来说再自然不过，因此，我们要尽可能消除这种文化优越感，注重对对方文化的尊重和理解，以平等的态度交流。在此基础上，找到两种文化的结合点，发挥两种文化的优势，在企业内部逐步建立起共同的价值观，从而形成共同的企业文化，以提高员工的凝聚力、向心力。

9.3.4 跨文化劳动关系管理的保障条件

1. 跨文化劳动关系管理的组织保障

1）设计合理的组织机构

合理的组织结构会对企业跨文化沟通渠道的建立、组织运行效率等方面产生积极影响。受我国传统文化的影响，我国企业组织结构倾向于集权制，即权力被掌握在少数管理者手中，组织层级划分较多，在形式上显得较为臃肿，缺乏明确的职责划分，经常出现各部门业务重叠的现象。相比之下，西方文化背景下的企业组织结构倾向于分权制，其紧紧围绕工作流程展开而非部门职能，组织层级划分较少，员工责任明确，体现了组织结构扁平化的发展趋势。

在现代企业竞争环境下，扁平化也是企业组织结构的创新与发展。通过实现企业组织结构的扁平化，压缩管理层次，增加管理幅度，有利于信息在组织内的快速传递，缩短组织指挥链，逐渐下移决策的重心，大大提高管理指挥的灵活性，显著提高组织运行效率。

所以，跨国企业在进行组织结构设计时，要充分考虑我国文化的特性，有计划、有步骤地完成倾向于扁平化的组织结构设计，同时要明确划分各部门的工作职责和领导者的权力，搭建顺畅的沟通渠道，加强部门之间的横向协作，避免员工因为文化差异而对组织结构的设计产生不满。

2）建立健全工会，抓好企业文化建设

良好的企业文化是构建和谐劳动关系的基石。企业文化建设是一项长期性的任务，短时间内不会看到效果，因此需要企业组织力量来专门负责。相比新增管理部门，如成立企业文化办公室等，倒不如充分发挥企业工会的职能。一则，这可以节约大量的人力、物力、财力；二则抓企业文化建设，也是工会的本职工作之一。工会的职能就是维护职工的切身利益与合法权益，这与企业文化建设的长远目标是一致的。企业应通过充分发挥工会的职能，提炼出企业文化，将员工价值观与企业文化核心价值观有机地统一起来，最大限度地激发和调动员工的工作积极性，营造平等友好的工作氛围，使劳动关系更加和谐与稳定。

2. 跨文化劳动关系管理的机制保障

1）员工参与管理机制

员工参与管理是协调劳动关系的一条重要渠道。新型劳动关系的调整，不再把劳动者当成单纯的劳动力，而是看作企业的主体。企业应提供机会让员工表达他们的意见和建议，进而影响和决定企业的政策，这也是企业劳动合作的主要表现形式。员工参与管理的途径是多样化的，主要的途径是职工代表大会。作为跨国企业应积极推行职工代表大会制度，并结合企业内部不同文化适时调整和完善，同时要保障员工沟通渠道的畅通，认真聆听员工的需求和建议。通过实行员工参与管理，一方面能增强员工的主人翁意识，使员工产生强烈的责任感和成就感，从而积极主动地替企业思考，贡献自己的才智，同时也能够及时反映出企业在劳动关系管理中存在的矛盾与问题；另一方面，可让管理者及时发现和解决这些矛盾与问题，减少不必要的摩擦和纠纷，增强员工与上级之间的信任感，促进劳动关系更加和谐与稳定。

2）三方协调机制

劳动关系三方协调机制是指由政府、雇主和职工三方共同协商劳动法规制定、劳动争议处理等方面的事宜，以消除误解，取得共识。目前，三方协调机制已成为西方社会调整劳动关系的通行做法，但在我国还没有得到全面的推广，尤其是在企业层次。对于跨国企业，同样要重视三方协调机制的建立，并要根据企业文化特性进行适当的调整，突出协商和处理劳动关系的平等性。同时，跨国企业要紧紧围绕构建和谐劳动关系、提升组织绩效的目标，对现有的组织体系和运作机制进行科学设计和优化，切实发挥三方协调机制的功能，最终实现劳资关系由竞争性关系向合作性关系的平稳过渡，建立和谐稳定的劳动关系。

3）劳动关系预警机制

劳动关系预警机制是指运用沟通、协调、预测、预防等手段，及时识别跨文化劳动关系中存在的冲突与问题，并通过一些工具进行有效诊断，及时找出诱因，及时预防和处理各类矛盾与冲突，有效保障员工权益的一种工作机制。作为一种科学的协调机制，企业在劳动关系预警机制中发挥着核心作用。企业需要协调和组织人力资源管理部门、工会等，使它们加强合作与配合，共同发挥系统性的预警功能。同时，企业需要建立和完善相应的制度（如合同管理制度、劳动争议制度等）来辅助预警体系的有效实施，通过制度体系的建设来约束和规范劳动关系预警机制，提高预警效度。总的来说，企业应通过建立劳动关系预警机制，将劳动关系中可能存在的不和谐因素和问题及时遏制在萌芽状态，避免劳动关系冲突的产生，并增强企业员工的心理安全感，进而构建和谐稳定的劳动关系。

3. 跨文化劳动关系管理的人员保障

1）打造跨文化管理团队

解决跨文化劳动关系管理问题，首要工作就是建立一支高素质的跨文化劳动关系管理团队。对跨文化劳动关系管理团队成员的选拔应着重考虑他们在企业中的职务大小，应选择中高层管理人员，如总经理、总裁、部门负责人等。这是由于他们在企业管理中具有双重特性：一方面，作为企业核心管理人员，他们担负着企业发展战略制定、日常运营管理等重要职责；另一方面，作为企业各管理层次的结合点，他们担负着协调跨文化适应性及解决劳动关系冲突等问题的责任。通过他们的不懈努力，企业可逐渐营造出平等友好的工作氛围，使不同文化背景的员工可以和睦相处，并为企业未来发展共同努力。

除了职务外，跨文化管理团队的构成还应考虑团队规模以及团队成员的教育水平、专业背景和跨文化管理经验等，同时对通过选拔的成员也要进行文化、语言、管理能力等多方面的培训。以团队规模为例，规模的大小取决于两个方面：一是企业组织规模，二是企业内多元文化组织所占的比例。当企业规模较大、企业内部多元文化组织多且不集中时，就要适当扩大跨文化管理团队的规模;当企业内多元文化组织分布较为适中且企业内有较多的外籍员工时,就要适当调整团队内不同国籍管理者的比例,聘任或增聘其他国籍的管理者加入跨文化管理团队,以便促进不同文化背景员工之间的沟通与理解,实现有效的跨文化劳动关系管理。

2) 以认同企业价值观为基础进行招聘,实现人员整合

人员招聘是人力资源管理的一个重要环节,招募什么样的员工会对劳动关系产生重要的影响。跨国企业在进行员工招聘时,除应考虑应聘者的学历、能力、工作经验等外,还应着重考虑不同应聘者所具有的价值观、行为习惯等与企业价值观是否匹配。通过这样的匹配环节,可大大减少员工就职后因不认同企业价值观而产生的文化不适性,避免劳动关系冲突的产生,降低员工流失率,保障现有员工队伍的稳定性。同时,为了能够不断保持青春与活力,实现人才流动的良性循环,企业还应该有重点地去招聘当地的人才,并给他们提供参与管理的机会,培养具跨文化的视野。通过这种渠道培养出的管理者,他们所提出的管理理念往往更容易被员工接受。而且,对不同文化背景下的员工进行整合也是极为重要的,这一点,管理者们常常忽略了,因为他们过多考虑的是如何实现资产、技术、市场、无形资产等因素的整合。通过员工整合,一方面可以妥善处理高管与员工之间的关系;另一方面,可以实现人员的最优配置,使每个员工都能够发挥自己的最大能力,从而大大提高企业的国际竞争力。

9.3.5 企业跨文化劳动关系管理的发展趋向

跨国企业将不同的生产流程打散后将其分布到世界各地,并且利用各地廉价的劳动力或水电等基本设施,形成所谓的"国际劳动分工"。这让企业得以进行全球性的扩张,而且得到更多利润。如何应对"国际劳动分工"下的劳动关系,以及如何对这样的劳动关系实施有效的管理手段,是企业跨国经营面临的新问题。

就企业国际化而言,它原本是指企业因对产品与生产因素实施国际化而在经营管理方面随之作调整的一种过程。但实际上,不少企业却打着"国际化"的口号,不断寻求低成本、高利润,将企业迁往劳动力成本较为低廉的地区,从而造成原有投资地劳工失业的问题。出走的企业家很少会认为自己有责任,他们只会认为政府政策不好、劳工薪资太高或工会不配合。因此,如何推进公司的社会责任运动,促进劳工关系的协调与稳定,进而促进整个经济社会的平衡与发展也是企业跨国经营面临的新问题。

在经济全球化和市场竞争日益激烈的背景下,许多公司都要求控制劳动力成本,它们将越来越多的工作采用外包的形式发放,相应地,劳工的工作权会受到影响。同时,从全球的角度看,从事非典型劳动(含劳动派遣)的劳工人数,近年来有较大幅度的增长。非典型雇佣比较常见的类型有:部分工时、临时工或定期契约工、劳务外包、劳动派遣等。就雇佣关系而言,前三种类型基本上没有太多的争议,只有劳动派遣因涉及派遣机构、要派机构及派遣劳工三方关系而使得雇佣关系认定与雇主责任归属产生争议。如何应对转包、分包生产以及非典型雇佣中的劳工关系调整,也是跨国企业面临的一个新问题。

案例9.1：海尔的全球人才培养[①]

1. 中国企业国际化经营的难题

实施国际化经营，由于其涉及面广、业务性强，需要企业具有较高的技术水平和管理能力。现代社会中，人是企业的主体，是企业的核心资源，也是企业发展的内在驱动力。因此，国际市场的竞争，归根到底是人才的竞争。

随着经济全球化和中国加入世贸组织，中国的企业参与全球化竞争已是发展的必然要求。虽然近年来中国企业在境外建立的各种类型的分支机构已为数不少，但真正达到一定规模、效益可观的还不多，而出现这种局面的一个重要原因就是派出的人员素质不高、能力不够，从而最终妨碍和影响了海外企业的运行和发展。

实践证明，中国企业经营的国际化，离不开人才的国际化。一方面，企业自身培养的人才要从意识、技能与习惯上适应国际化要求；另一方面，人才本土化也是解决国际化经营中人才匮乏这个难题的重要办法。企业聘用当地人才，不仅使企业获得人才的速度加快，而且这些人才熟悉经营环境，了解消费者需求，善于与政府及相关部门打交道，可以较容易地为企业开辟海外市场。在这方面，海尔作为中国企业国际化的先行者，通过人才本土化，推动了设计、生产、销售本土化，并取得了巨大的成功，其经验值得后来者学习和借鉴。

2. 海尔的借力论

企业进行国际化经营要考虑一个最基本的问题：是实施全球化还是实施本土化。全球化是指企业针对全球市场生产产品，不考虑或较少考虑地区之间的需求差异，尽可能在每个国家都采用标准化的产品、促销战略和分销渠道。而本土化最重视的是当地特殊的消费需求，强调针对当地市场设计和营销产品，其最大优势是提供的产品特别考虑了地区之间的需求差异。那么，海尔是如何实现全球化与本土化的有机统一的呢？

海尔从创办以来，特别是进行国际化经营以后，也存在人才增长速度和规模增长速度难以匹配的难题。例如，派员工去海外开拓市场，有的懂外贸但外语不好，有的外语好但不懂外贸。海尔自己提供这么多高级人才肯定不可能，即使能做到，也是很多年以后的事了。但是在尚未培养出足够的人才进行国际化经营之前，海外事业不能停顿，解决之道只有"借鸡生蛋""借船下海"。

管理其实就是借力。借力缩小了海尔与国际先进企业的差距。这个行之有效的办法也是国际化经营企业总结教训后得来的。很早就有一些跨国公司派员工到海外投资设厂，中国也有大企业曾经派员工到国外开辟市场，但最后的结果都不理想，原因是这些员工很难融入当地的环境。所以，海尔一开始就采取了本土化策略，大胆使用更富成效的海外人才。

从某种意义上说，海尔全球化的过程，也是其本土化的过程。因为本土化的成功意味着消除了全球化战略在推进中的最大障碍。比如在美国，海尔在洛杉矶建立了"海尔设计中心"，在南卡罗来纳州建立了"海尔生产中心"，在纽约建立了"海尔美国贸易公司"，这些机构的雇员主要都是当地人，因此形成了本土化的美国海尔。近年来，随着海尔跨国

[①] 案例来源：王朝晖和施谊（2015）。

经营能力不断提高和经验的积累，其海外企业的经营与管理越来越依靠本土人才。这样，海尔通过本地融"智"、本地设计、本地制造和本地销售，逐步占领了欧美等发达国家市场，并受到了全世界广大消费者的青睐，成为真正的国际品牌。

3. 海尔本土人才的应用

1)设计

在经济全球化时代，一个国家在国际市场上的竞争能力在很大程度上取决于技术创新，即研究与发展(research and development，R&D)的能力与水平，而 R&D 的能力与水平又取决于科研人才的获得。

海尔响应中国政府制定的"走出去"战略，在发达国家设立了 R&D 机构，开发出了适合国外市场需求的产品。例如，海尔在德国设立了 R&D 机构，并主要聘用当地研发人员，该机构于1999年初研制出海尔"99世纪通"系列彩电，彩电一上市即在欧洲市场获得成功。在美国，通过聘用当地的优秀人才，海尔得以迅速推出适合美国消费者的产品，同时通过加入美国的家电协会，获得了最新的行业信息。

一个产品能否被市场接受，最核心的环节在于设计。海尔很早就认识到，国际化要从最基础的产品设计开始。1997 年至今，海尔在世界各地寻求可以合作的家电产品设计工作室，并通过由海尔控股、双方共享利益的合资方式组建设计中心。目前，这样的海尔设计中心在全球已有很多个，广泛分布在美国、英国、法国、日本等国家，这些设计中心共配备有几百名本土专业设计师。

在市场中投入一种产品后，如果销售不出去，则原因往往是设计师对市场不了解，其设计出的产品没有满足市场的需求。例如，欧洲市场和亚洲市场有很大区别，首先客户的需求就不一样。同时，欧洲又有不少国家，每个国家的客户的需求也不一样。因此，只有本地设计师才能"近水楼台先得月"，及时对市场变化作出反应。米罗是加盟海尔的一名法国设计师，他在巴黎有一家独立的设计公司。20 多年家电产品设计行业的从业经历，使米罗非常清楚本地顾客的需求，因此他的公司能够设计出符合欧洲消费者口味的产品，帮助海尔开拓欧洲市场。于是，有了像米罗这样熟知本土客户需求的人才加入海尔，原本在海尔看来捉摸不定的海外市场中，一款款样式各异的海尔产品便逐一亮相。

2)生产

跨国公司大多选择到劳动力成本低廉的地区开设工厂，那海尔舍弃国内劳动力成本低廉的优势，到劳动力成本昂贵的欧美国家投资建厂，是否明智？表面上看，海尔此举似乎违背了比较优势规律。但仔细分析后，又不难明白其中的道理。跨国公司之所以到中国投资，是因为在它们的资源组合中，最缺少的是廉价劳动力。而对于中国企业来讲，其国际化经营最缺少的是高级技术和管理人才。因此，海尔到发达国家设厂，虽然那里的员工成本比国内昂贵，但是海尔获得了自己需要的人力资源，基本上和当地企业站在了同一条起跑线上。

大量聘用本土人才解决了海尔海外生产中的关键问题。例如，海尔在美国的生产中心虽然是由海尔独资，但除了中国青岛总部派去的主管和财务人员外，其余员工几乎都是美国当地人。海尔分布在全球的十几家工厂共有上千名这样的海外海尔人。由于在当地的影响越来越大，这些工厂甚至吸引了一些竞争对手的优秀管理人才。

海尔在国际化经营中，通过人才本土化，推动了生产本土化，并获得了许多无形的好处。首先，海外高级人才在许多方面都具有较高的素质，能使海尔方便地学习到西方先进的技术和管理，使企业尽快与国际接轨。例如，美国每两年就会提高一次家电能耗标准，如果企业不在那里建厂，那么就很难跟上它的要求。又如，美国的政府采购政策规定，不管什么品牌的产品，只有在美国生产才能获得竞标的资格。因为美国政府采购用的是纳税人的钱，这样做有助于解决本国国民的就业问题。

其次，本土化生产有助于海尔消除"外来者"的形象，成为受本地消费者欢迎的品牌。一般欧美的零售商和消费者都不喜欢"流寇"，因为家电产品需要解决售后服务问题，海尔从"中国造"发展到"世界造"，意味着它对当地的消费者和销售商有一个承诺：海尔将长期在这里为客户服务和提供后勤保障。这自然会使海尔的客户对海尔的产品感到放心，零售商的积极性被调动起来，消费者也更容易认可海尔品牌。

3)销售

国际市场的营销实践中流行着一句话：宁愿要一流的经销商、二流的市场，也不要一流的市场、二流的经销商。海尔国际化经营中的另一个重要环节就是营销人才本土化。海尔通常采取合资合作的方式，利用海外本土经销商原有的网络来销售产品。例如，海尔美国贸易公司就是海尔同美国家电公司(ACA)的合资企业，海尔持多数股权，ACA 持少数股权。该合资企业管理完全被交给在当地雇佣的具有产业经验和开拓能力的美国经理管理。美国管理人员得到了很大的自主权，他们负责推广品牌，并争取新的客户。

优秀的本土销售人才无疑给海尔的国际化开辟了道路。例如，亚默瑞曾经担任过飞利浦家电和梅洛尼的销售总负责人，具有 40 年销售家电的经验。现在，亚默瑞成为海尔全球经销商之一，2001 年海尔欧洲贸易公司成立后，他担任总裁。他在谈到开拓市场的经历时说，中国产品的质量和信誉不太容易让人一开始就产生信任。但由于亚默瑞已经在欧洲市场上经营了很多年，所以进口商、分销商和零售商都很相信他，进而接受他提供的海尔产品。

目前，海尔在全球已经拥有数万个营销网点和数百名营销经理。这些经理人每年都举行年会，从青岛到意大利再到纽约，海尔全球经理人年会已经成为经销商交流和总结营销经验的聚会。这种交流非常重要，营销经理可以借此了解同行和业界的情况，也可以了解市场和技术发展的状况。

海尔是"海"，因为"海纳百川，有容乃大"。同时，海尔是"家"，因为独特的"海尔文化"已经成为维系海尔海外员工的纽带。例如，海尔美国工厂建立初期，很少有本土员工主动加班，而现在个个都知道"当日事，当日毕"。有时晚上很晚了，在车间内还会看见美国管理人员忙碌的身影。甚至在某年美国国庆日，一名美籍车间主任主动加班，为第二天的生产做准备。这种情况在美国其他企业里是很难发生的。

为了让海外本土人才认同海尔文化，海尔追求的是：不在于拥有多少人才，而在于整合了多少人才。具体做法：一是与海外本土人才充分沟通，让他们接受海尔的理念，如创新和日新的价值观；二是建立海尔大学，大量培养海尔在国外的科技与经营人才，使企业的国际化水平不断提高。正如海尔总裁张瑞敏所说，先"把洋经理人海尔化"，再由这些"海尔化的洋经理人"来实现海尔国际化的目标。实践证明，海尔文化致力于挖掘和发挥人的潜能，催人上进，具有强大的影响力和渗透力。时至今日，"迅速反应，马上行动""真诚到永远"等曾经被中国海尔人喜闻乐见的口号，已被海外海尔人广泛认同。

案例 9.2：联想的全球化思维[①]

1. 当东方遇到西方

共建信任研讨会结束后的六个月里，联想举办了一次更重大的培训，培训主题是"当东方遇到西方"。对于每一个人而言，固有的习惯都很难改变，尤其是工作繁忙的公司高管，他们要改变习惯无疑难上加难，因为他们除了要思考如何利用多元化创造竞争优势，还要完成很多其他的工作。

联想邀请福布斯和艾培等公司的咨询专家一起参与定制培训的内容。这个名为"当东方遇到西方"的培训让联想人更深入地了解了各个国家的历史背景和文化根基。这对于研究行为背后的动因非常有效，如果大家能够了解彼此的历史，就能够加深认识，并主动寻求化解矛盾的方法。

培训开始时，播放了一段视频，视频展示了各个国家的历史和文化，包括地理位置、关键数据、地标图片以及重要事件。比如在介绍美国时，会谈到为什么美国是新兴国家、一个文化熔炉，还提到了美国人自力更生的开拓精神和个性、为什么变革是件好事，以及为什么很多人都在努力追寻"美国梦"。而讲述中国的部分，则介绍了古代王朝、儒家思想、高度竞争的教育体制、社会层级和中国人的"面子"。这次培训给了联想一个了解各国历史、加深文化理解的好机会。

在一种文化背景下可以赢得信任的行为，在另一种文化背景下可能会产生截然相反的效果。比如，在美国，坚持自我、保持眼神交流、乐于交谈都是正直品行的体现。但是在中国，好的品行体现在高度的责任感、对和谐气氛的维护以及对集体利益的强调上。这两种文化还在"何为高效"的问题上有很大分歧，在美国，高效的人喜欢从事那些可以获得认可、凸显个体的工作，他们认为，如果能够在更短的时间内完成任务，那就再好不过了。但是在中国，个人成就并没有那么重要，中国人真正看重的是团队目标和长远目标的实现情况。

当联想再一次对高层管理团队做调查时发现，他们都对这些培训给予了高度评价，认为培训帮助他们提高了工作效率、解决了实际问题、创造了更优方案。文化重塑活动在培养理解和信任的过程中起到了重要的作用。于是，这些培训被推广到全员层面，公司尤其鼓励拥有多国员工的国际团队参加活动。直到现在，联想仍会在新员工培训中介绍跨文化交流的技巧，必要时也会针对拉美、欧洲、印度等不同地区定制培训内容。

2. 将多元化付诸行动

除了研讨会和培训，员工将多元化付诸行动也是被鼓励的。在团队的帮助下，时任联想全球职能部门人力资源副总裁、首席多元化官康友兰让多元化发挥了巨大作用，她不仅与员工进行密切交流，还将想法注入行动中，创造出"在实践中理解多元化"的方案，并制定了非常细致、具体的步骤。当时，很多员工都对忙碌的工作感到无奈，随着海外同事的加入，大家已经无法再按照标准的朝九晚五的时间上下班，为了与海外团队同步工作，加班加点成了家常便饭。针对这个问题，联想开发了"月度小贴士"和工作辅助工具，以

[①] 案例来源：乔健和康友兰（2015）。

帮助员工更好地管理时间、会议。对于英语非母语的员工，公司提供了线上及面授的英语课程，此外公司还准备了国家文化方面的知识供员工学习。

这些措施是整个团队经过调研和考察后制定的，在很大程度上减少了误会的产生，促进了同事之间的互信。此前正是因为两种文化所提倡的行为方式不同，才导致误会的产生，误会出现以后，大家难免会对他人的态度产生怀疑。经过一系列培训和文化促进活动，员工之间开始彼此了解，大家逐渐站到同一个阵营里。

彼此熟悉的过程让所有人的感觉好了许多。康友兰及其团队奔赴全球各地，主持文化宣讲活动，推广有助于跨文化交流的方法和工具，将有趣的活动和有效的方法融合在一起，帮助各地同事提高了工作效率，并准备了"文化工具箱"发给全体员工，其中包括带时区的会议安排工具、集团用语清单等。

在所有培训中，有一种喜闻乐见的培训方式，那就是为经常赴美的北京同事举办"当东方遇到西方"的主题晚宴，借此向北京同事介绍西方礼仪的方方面面。晚宴地点通常设在西式的酒店里，从"如何在鸡尾酒会上与人寒暄"，到"切肉排的餐刀和吃鱼用的餐刀有什么区别"，大家都会讨论。晚宴上，康友兰还向北京的同事介绍了商务休闲装、晚礼服、正装等的着装礼仪。中国的高管们听得津津有味，因为如果掌握这些在西方人眼里司空见惯的礼仪和技巧，他们就可以信心饱满地参加海外商业会议，并在国际化的社交环境中表现得游刃有余。在大洋彼岸的美国，联想针对那里的同事举办了推广中国礼仪的晚宴，西方的同事也饶有兴趣，他们很快学会了"你好""谢谢""再见"等中文常用语。

3. 换个角度看问题

个体的差异潜移默化地影响着我们看待问题和解决问题的方式，中西方在业务分析方法上也大相径庭。中国人习惯先从全局入手，找出问题所在，然后再研究这个问题对全局的影响，所以找到结构和框架对于中国同事而言尤为重要。但是西方同事普遍从具体个案开始，通过对个案的研究，找出整体结构。于是，很多中国同事觉得西方同事未能以点带面，西方同事又觉得中国同事不积极解决眼前的问题。联想试图把这两种方法进行合并：用具体实例来阐述问题，并进一步解释其重要性和相关性。协作因此变得更加有效，双方也由此可以对同一问题有更加全面和细致的理解，并为短期和长期发展做出更好的决策。

另外，不同的工作风格在联想的运营层面也引发了冲突。研发实验室副总裁达利尔·克罗默(Daryl Crome)说，美国和日本的工程师们都是"数据驱动型"，他们的决策建立在客观标准上，一切都关乎事实和流程。但是，中国团队把信念融入了决策过程，在中国团队的思维里，不是所有业务决策都以数字和报告作为判断依据，如果能在某个方向上达成共识，中国同事愿意冒险一试。

收购 IBM 个人电脑业务后不久，联想开始按照西方的模式来做决策，让每一个利益相关方都作出自己的选择，无论是支持还是反对。管理层虽然不会受限于投票，但会考虑投票的结果。但最终还是转向偏东方的模式，也就是每个人都给出自己的建议，然后领导做最后的决定。这是个典型的例子，其展示了联想如何从各种模式中选取最行之有效的方法，以及如何从全球不同文化中逐渐提炼总结出最佳实践经验，从而汇集东西方员工的智慧，释放出强大的力量。

参 考 文 献

爱德华·泰勒，2005. 原始文化[M]. 连树声，译. 南宁：广西师范大学出版社.

曹礼平，李元旭，2008. 外派人员理论研究综述及研究展望[J]. 江西社会科学，(10)：208-212.

晁爱洁，2016. CHICO 公司外派非洲人员跨文化人力资源管理方案研究[D]. 郑州：郑州大学.

陈国海，安凡所，刘晓琴，等，2017. 跨文化沟通[M]. 北京：清华大学出版社.

陈姗姗，2005. 耐克"血汗工厂"风波凸显声誉管理价值[N]. 第一财经日报，2005-08-29(C05).

陈思颖，2020. 在埃塞俄比亚中资企业跨文化冲突管理研究[D]. 广州：广东外语外贸大学.

陈晓萍，2016. 跨文化管理[M]. 3 版. 北京：清华大学出版社.

陈迅，韩亚琴，2005. 企业社会责任分级模型及其应用[J]. 中国工业经济，(9)：99-105.

成勇，2011. 跨文化敏感性研究综述[J]. 现代商贸工业，23(19)：108-109.

程熙，2013. 中国商业银行海外扩张之浅析[D]. 成都：西南财经大学.

戴昌钧，张金成，1995. 东西方管理的民族个性比较及中国管理模式探讨[J]. 南开学报，(1)：61-67.

戴卫东，陈芳，马帅，2011. 基于过程提高我国跨国企业外派成功率的研究[J]. 商场现代化，(12)：10-12.

邓文君，马剑虹，Tjitra H W，2006. 跨文化胜任力与敏感性研究进展[J]. 人类工效学，12(4)：60-63.

董临萍，李晓蓓，关涛，2018. 跨文化情境下员工感知的多元化管理、文化智力与工作绩效研究[J]. 管理学报，15(1)：30-38.

杜晓晖，2010. 外派员工的心理契约[J]. 企业技术开发，29(9)：101-103.

段万春，毛莹，2009. 浅析在华跨国公司的人力资源管理[J]. 企业活力，(11)：53-55.

范徵，2004. 跨文化管理：全球化与地方化的平衡[M]. 上海：上海外语教育出版社.

范徵，王风华，2008. 中欧管理文化的差异与协同[J]. 上海管理科学，30(2)：1-4.

冯娇娇，程延园，王甫希，2017. 员工的外派动机及国际人力资源管理政策匹配性：以中国银行为例[J]. 中国人力资源开发，(4)：101-110.

符绍丽，2012. 浅析中国跨国公司的跨文化管理[J]. 企业技术开发，(1)：1-2.

付岳梅，刘强，应世潮，2011. 跨文化交际的界定和模式[J]. 沈阳建筑大学学报(社会科学版)，13(4)：491-494.

高嘉勇，吴丹，2007. 中国外派人员跨文化胜任力指标体系构建研究[J]. 科学学与科学技术管理，28(5)：169-173.

高璆崚，黄欣丽，李自杰，等，2021. 外派管理研究评述与展望[J]. 技术经济，40(1)：59-69.

高中华，李超平，2009. 文化智力研究评述与展望[J]. 心理科学进展，17(1)：180-188.

关世杰，1995. 跨文化交流学：提高涉外交流能力的学问[M]. 北京：北京大学出版社.

桂莉，王兴鹏，2012. 职业生涯管理：跨国公司外派人员回任管理的核心环节：以 CL 公司为例[J]. 中国人力资源开发，(9)：51-54.

郝清民，朴盛根，2013. 国家文化特性差异验证研究：对 Hofstede 模型的检验[J]. 职业时空，(12)：118-121.

何慧卿，2008. 企业员工多元化管理研究及实证分析[D]. 衡阳：南华大学.

何燕，2007. 跨文化敏感性研究回顾[J]. 沿海企业与科技，(12)：136-138.

胡蓓，2010. H 航空公司多元化员工管理研究[D]. 成都：西南财经大学.

胡锋，2003. 企业劳动关系之文化因素影响分析：兼论跨国公司的跨文化管理[J]. 兰州学刊，(1)：39-42.

黄青，2011. 跨国公司文化冲突和融合及跨文化管理策略[J]. 当代经济，(10)：46-47.

黄仁伟，2016. G20杭州峰会：开启大国稳定合作机制[N]. 解放日报，2016-09-06(009).

姜秀珍，金思宇，包伟琴，等，2011. 外派人员回任意愿影响因素分析：来自中国跨国经营企业的证据[J]. 管理学报，(10)：1462-1468.

蒋春燕，赵曙明，2004. 企业特征、人力资源管理与绩效：香港企业的实证研究[J]. 管理评论，16(10)：22-31.

解南，2007. 基于马斯洛需求理论的企业外派员工管理[J]. 中小企业管理与科技，(12)：58-59.

金辉，2014. 公司社会责任的冷思考[J]. 青年与社会，(5)：254-256.

兰志成，2018. "一带一路"建设中企业跨文化管理案例研究：以中东沙特特殊的文化环境为例[J]. 现代企业文化，(36)：14-15.

李航莉，2016. 传记性特征与跨文化胜任力变化[D]. 成都：电子科技大学.

李华，2009. 我国企业实现路径突破的自主创新策略研究[D]. 青岛：中国海洋大学.

李华，张湄，2004. 外派人员：跨国公司专业化管理的核心环节[J]. 国际经济合作，(12)：38-40.

李萍，2009. 中国企业海外经营风险分析[J]. 合作经济与科技，(8)：94-95.

李晓威，李长江，2016. 非洲中资企业跨文化和谐劳动关系管理研究：以坦桑尼亚为例[J]. 中国劳动关系学院学报，30(6)：15-19.

李彦亮，2006. 跨文化冲突与跨文化管理[J]. 科学社会主义，(2)：70-73.

廖建桥，周建涛，2012. 权力距离导向与员工建言：组织地位感知的影响[J]. 管理科学，25(1)：35-44.

林新奇，2011. 国际人力资源管理[M]. 上海：复旦大学出版社.

林肇宏，张锐，2013. 中国跨国企业人力资源管理模式及实践研究：基于深圳5家高科技企业的案例分析[J]. 宏观经济研究，(2)：97-104.

刘巍，2010. 国际商务背景下的跨文化管理研究[J]. 中国商贸，(12)：169-171.

刘雅静，2016. 关于跨国公司外派人员管理的研究[J]. 知识经济，(11)：43.

刘云枫，何华成，2009. 基于决策树技术的信息化项目文化冲突研究[J]. 中国管理信息化，12(21)：117-120.

卢建平，2006. 美国《反海外腐败法》及其启示[J]. 人民检察，(13)：15-16.

马春光，2004. 国际企业跨文化管理[M]. 北京：对外经济贸易大学出版社.

马淇靖，2020. 企业外派失败的原因及规避措施[J]. 人才资源开发，(14)：63-64.

马文跃，2017. 日本与美国的文化差异对国际商务活动的影响[J]. 现代商业，(32)：166-167.

庞龙，2014. 我国跨国公司跨文化人力资源管理研究[D]. 成都：西华大学.

裴学成，杨叶倩，2013. 跨国并购中的文化整合：以联想并购IBM个人电脑事业部为例[J]. 中国市场，(3)：67-74.

乔健，康友兰，2015. 东方遇到西方：联想国际化之路[M]. 韩文恺，曹理达，译. 北京：机械工业出版社

秦玲玲，2018. 企业外派人员全过程管理初探[J]. 金融经济，(16)：119-122.

邱立成，成泽宇，1999. 跨国公司外派人员管理[J]. 南开管理评论，(5)：9-13.

曲秀艳，2009. 高校外语教学中跨文化交际能力培养策略反思[J]. 佳木斯大学社会科学学报，27(5)：171-172.

阮正福，2005. 文化的多样性及其发展前景[J]. 江西社会科学，(4)：142-148.

石静，2007. 中国企业对外直接投资的优势分析[J]. 北方经贸，(3)：26-28.

苏文平，苏珃珃，余凌云，2015. 跨国并购后，如何同心合一[J]. 清华管理评论，(11)：92-109.

孙涛，2013. 企业研发团队成员多元化对团队绩效影响的实证研究[D]. 兰州：兰州商学院.

孙卫芳，2007. 浙江民营企业国际贸易文化差异及其对策研究[D]. 金华：浙江师范大学.

谭帮学，2017. 外派商务人员跨文化适应调研及措施[D]. 成都：电子科技大学.

唐乐，2017. H公司拉美项目的跨文化冲突研究[D]. 成都：电子科技大学.

唐宁玉，王玉梅，2015. 跨文化管理：理论和实践[M]. 北京：科学出版社.

田敏，李纯青，萧庆龙，2014. 企业社会责任行为对消费者品牌评价的影响[J]. 南开管理评论，17(6)：19-29.

王博君，妮莎，2016. 从跨文化交际理论角度探究阿拉伯企业文化特点[J]. 理论月刊，(5)：139-143.

王朝晖，施谊，2015. 海尔国际化经营中的人才本土化[J]. 江西行政学院学报，(Z1)：123-124.

王春燕，2021. 四川天煜境外子公司跨文化融合管理研究[D]. 成都：电子科技大学.

王丰，2010. 企业跨国经营中人力资源管理模式的选择研究[J]. 河北工程大学学报(社会科学版)，27(2)：33-34.

王辉耀，苗绿，2015. 出海潮：中国企业走向世界[M]. 北京：机械工业出版社.

王君华，2007. 跨国企业战略联盟的文化协同研究[D]. 武汉：武汉理工大学.

王克婴，王学秀，2009. 道德传统与中国企业管理道德主义特征的辩证思考[J]. 道德与文明，(5)：91-95.

王明辉，凌文辁，2004. 外派员工培训的新趋势[J]. 中国人力资源开发，(8)：39-42.

王善美，2020. 国际化进程中的跨文化管理模式探索[N]. 企业家日报，2020-05-08(008).

卫哲，2012. 西式诊断、中式治理[J]. 跨文化管理，(1)：183-186.

吴海燕，蔡建峰，2013. 文化差异对跨文化商务合作的影响研究[J]. 科技管理研究，(21)：211-214.

吴敏华，2006. 个体主义与集体主义：中美日管理的文化研究[J]. 国际贸易问题，(9)：90-94.

谢雅萍，2008. 外派员工工作-家庭平衡的组织支持研究[J]. 华东经济管理，(7)：96-100.

许婷，2016. XW学院外籍教师人力资源管理研究[D]. 成都：电子科技大学.

许伊茹，严燕，2008. 员工选择海外外派意愿解析[J]. 江苏商论，(17)：123-124.

许莹，方荃，2013. 人力资源管理理论与实务[M]. 北京：人民邮电出版社.

薛春水，2017. TS公司跨文化冲突及其管理的案例研究[D]. 成都：电子科技大学.

薛求知，廖永凯，2010. 国际人力资源管理教程[M]. 上海：复旦大学出版社.

《学术前沿》编者，2019. 全球科技创新的前沿趋势[J]. 人民论坛·学术前沿，(24)：6-7.

严晓萍，戎福刚，2014. "公地悲剧"理论视角下的环境污染治理[J]. 经济论坛，(7)：172-174.

杨东兴，2020. 基于跨文化管理的国企文化融合能力提升研究[J]. 企业改革与管理，(3)：48-51.

杨军，杨家成，马飞，2009. 关于个人/集体主义与组织信任相关性研究的综述[J]. 知识经济，(2)：94-95.

杨晴，2014. 外派人员跨文化沟通管理及对策建议[D]. 成都：电子科技大学.

杨瑞龙，罗来军，杨继东，2012. 中国模式与中国企业国际化[M]. 北京：中国人民大学出版社.

叶晓倩，2010. 留任还是离职：影响外派回任人员决策的因素分析[J]. 中国人力资源开发，(10)：19-22.

叶晓倩，李岱霖，王瑜芬，2017. 跨国公司知识管理创新实施：外派管理人员回任适应与回任知识转移视角[J]. 科技管理研究，37(9)：157-164.

余建年，2007. 跨文化人力资源管理[M]. 武汉：武汉大学出版社.

岳思蕤，2006. 中国企业跨国经营的政治风险研究[D]. 武汉：武汉理工大学.

张蓓，2017. 国际商务中的伦理挑战与对策[J]. 现代营销(下旬刊)，(2)：160.

张光宇，李华军，2010. "外派"模式下的跨国公司人力资源风险研究[J]. 工业工程，(5)：48-52.

张明，2013. 跨国公司外派人员适应性问题研究综述[J]. 经济论坛，(3)：140-144.

张翔，2016. 国外自发型外派研究述评与展望[J]. 技术经济与管理研究，(1)：69-73.

张新胜，王湲，杰夫·拉素尔，等，2002. 国际管理学：全球化时代的管理[M]. 北京：中国人民大学出版社.

张艳艳，周杏英，2012. 吉利收购沃尔沃案例的跨文化管理分析[J]. 经济研究导刊，(8)：28-29

赵璐，2010. 中国外派人员胜任特质模型和实证研究[D]. 北京：北京邮电大学.

赵曙明，2011. 公平合理的薪酬铺就外派未来之路[J]. 管理@人，(7)：32-35.

赵曙明，张捷，2005. 中国企业跨国并购中的文化差异整合策略研究[J]. 南京大学学报(哲学·人文科学·社会科学版)，(5)：32-41.

赵文艳，2010. 初窥美国反海外腐败法[J]. 法制与社会，(27)：11-14.

赵洋，2018. 外派人员的外派意愿、文化智力对其跨文化适应的影响研究[D]. 成都：电子科技大学.

钟海，2017. 基于T公司和H公司海外子公司绩效管理的案例比较研究[D]. 成都：电子科技大学.

周青，2009. 文化差异与劳动关系[D]. 扬州：扬州大学.

周晓星，2010. 浅析日本人生活中的非语言交际[J]. 价值工程，(30)：142.

周燕华，李季鹏，2012. 中国跨国公司员工外派管理探析[J]. 江苏商论，(1)：103-106.

朱庆华，杨启航，2013. 中国生态工业园建设中企业环境行为及影响因素实证研究[J]. 管理评论，25(3)：843-844.

朱圣芳，2005. 企业国际化与战略性人力资源管理[D]. 武汉：武汉大学.

祝金龙，石金涛，2009. 外派经理的"文化休克"及其防范举措[C]//萧鸣政，戴锡生. 区域人才开发的理论与实践——港澳台大陆人才论坛暨2008年中华人力资源研究会年会论文集. 北京：中国劳动社会保障出版社.

Adler N J，1986. From the Atlantic to the Pacific century：Cross-cultural management reviewed[J]. Journal of Management，12(2)：295-318.

Ang S，Dyne L V，Koh C，et al.，2007. Cultural intelligence：Its measurement and effects on cultural judgment and decision making，cultural adaptation and task performance[J]. Management and Organization Review，3(3)：335-371.

Babiker I E，Cox J L，Miller P，1980. The measurement of cultural distance and its relationship to medical consultations，symptomatology and examination performance of overseas students at Edinburgh University[J]. Social Psychiatry，15(3)：109-116.

Benet-Martinez V，Lee F，Leu J，2006. Biculturalism and cognitive complexity expertise in cultural representations[J]. Journal of Cross-Cultural Psychology，37(4)：386-407.

Berry J W，1990. Psychology of acculturation：Understanding individuals moving between cultures[M]. Brislin R W. Applied cross-cultural psychology. Newbury Park：SAGE Publications，Inc.

Berry J W，2001. A psychology of immigration[J]. Journal of Social Issues，57(3)：615-631.

Black J S，Gregersen H B，1999. The right way to manage expats[J]. Harvard Business Review，77(2)：52-62.

Black J S，Gregersen H B，Mendenhall M E，1992a. Toward a theoretical framework of repatriation adjustment[J]. Journal of International Business Studies，23(4)：737-760.

Black J S，Gregersen H B，Mendenhall M E，et al.，1992b. Globalizing people through international assignment[M]. Boston：Addison-Wesley.

Black J S，Mendenhall M E，Oddou G，1991. Toward a comprehensive model of international adjustment：An integration of multiple theoretical perspectives[J]. Academy of Management Review，16(2)：291-317.

Black J S，Stephens G K，1989. The influence of the spouse on American expatriate adjustment and intent to stay in Pacific Rim overseas assignments[J]. Journal of Management，15(4)：529-544.

Buller P F，Kohls J J，Anderson K S，2000. When ethics collide：Managing conflict across cultures[J]. Organization Dynamics，28(4)：52-66.

Cooke F L，2008. Competition，strategy and management in China[M]. Basingstoke：Palgrave Macmillan.

Dong K，Liu Y，2010. Cross-cultural management in China[J]. Cross Cultural Management：An International Journal，17(3)：19-31.

Earley P C，Ang S，2003. Cultural intelligence：Individual interactions across cultures[M]. Stanford：Stanford University Press.

Earley P C，Mosakowski E，2004a. Culture intelligence[J]. Harvard Business Review，82：421-443.

Earley P C，Mosakowski E，2004b. Toward culture intelligence：Turning cultural differences into a workplace advantage[J]. Academy of Management Perspectives，18(3)：151-157.

Froese F J，2012. Motivation and adjustment of self-initiated expatriates：The case of expatriate academics in South Korea[J]. International Journal of Human Resource Management，23(6)：1095-1112.

Gagandeep S，2012. Cross culture management：Conquering the cultural roadblocks in the age of globalization[J]. ACADEMICIA：An International Multidisciplinary Research Journal，2(11)：42-47.

Gong Y，Shenkar O，Luo Y，et al.，2001. Role conflict and ambiguity of CEOs in international joint ventures：A transaction cost perspective[J]. Journal of Applied Psychology，86(4)：764-773.

Gupta A，Govindarajan V，2000. Knowledge management's social dimension：Lessons from Nucor Steel[J]. Sloan Management Review，42(1)：71-80.

Hanvey R G，1979. Cross-cultural awareness[M]//Smith E C，Luce L F. Toward internationalism：Readings in cross-cultural communication. New York：Newbury House Publishers.

Haritatos J，Benet-Martinez V，2002. Bicultural identities：The interface of cultural，personality，and socio-cognitive processes[J]. Journal of Research in Personality，36(6)：598-606.

Harrison D A，Price K H，Bell M P，1998. Beyond relational demography：Time and the effects of surface-and deep-level diversity on work group cohesion[J]. Academy of management journal，41(1)：96-107.

Harvey M G，1989. Repatriation of corporate executives：An empirical Study[J]. Journal of International Business Studies，20(1)：131-144.

Hays R D，1974. Expatriate selection：Insuring success and avoiding failure[J]. Journal of International Business Studies，5(1)：25-37.

Hofstede G，1984. Culture's consequences：International differences in work-related values[M]. Beverly Hills：SAGE Publications，Inc.

Hofstede G，Bond M H，1988. The Confucius connection：From cultural roots to economic growth[J]. Organizational Dynamics，16(4)：5-21.

Hofstede G，Hofstede G J，Minkov M，2010. Cultures and organisations：Softward of the mind[M]. 3rd ed. New York：McGraw-Hill.

Jensen M C，Meckling W H，1976. Theory of the firm：Managerial behavior，agency costs and ownership structure[J]. Journal of Financial Economics，3(4)：305-360.

Johnson J P，Lenartowicz T，Apud S，2006. Cross-cultural competence in international business：Toward a definition and a model[J]. Journal of International Business Studies，37(4)：525-543.

Koester J，Olebe M，1988. The behavioral assessment scale for intercultural communication effectiveness[J]. International Journal of Intercultural Relations，12(3)：233-246.

Kogut B，Singh H，1988. The effect of national culture on the choice of entry mode[J]. Journal of International Business Studies，19(3)：411-432.

Kumar V，Singh D，Purkayastha A，et al.，2020. Springboard internationalization by emerging market firms：Speed of first cross-border acquisition[J]. Journal of International Business Studies，51：172-193.

Lall S，1983. The new multinationals：The spread of third world enterprises[M]. New York：John Wiley.

Lee T W，Mitchell T R，Sablynski C J，et al.，2004. The effects of job embeddedness on organizational citizenship，job performance，volitional absences，and voluntary turnover[J]. Academy of Management Journal，47(5)：711-722.

Leiba-O'Sullivan S，1999. The distinction between stable and dynamic cross-cultural competencies：Implications for expatriate trainability[J]. Journal of International Business Studies，30(4)：709-725.

Lippmann W，1997. Public opinion[M]. New York：Free Press.

Lusting M，Koester J，1996. Intercultural competence：Interpersonal communication across cultures[M]. 2nd ed. New York：HarperCollins College Pulishiers.

Lysgaard S，1955. Adjustment in a foreign society：Norwegian Fulbright grantees visiting the United States[J]. International Social Bulletin，7：45-51.

McCall M，Hollenbeck G，2002. Developing global executives：The lessons of international experience[M]. Boston：Harvard Business School Publishing Corporation.

Mitchell T R，Holtom B C，Lee T W，et al.，2001. Why people stay：Using job embeddedness to predict voluntary turnover[J]. Academy of Management Journal，44(6)：1102-1121.

Mol S T，Born M P，Willemsen M E，et al.，2009. When selection ratios are high：predicting the expatriation willingness of prospective domestic entry-level job applicants[J]. Human Performance，22(1)：1-22.

Murray H A，1938. Explorations in personality[M]. New York：Oxford University Press.

Negandhi A R，1979. Adaptability of the American，European，and Japanese multinational corporations in developing countries[R]. Urbana-Champaign：University of Illinois at Urbana-Champaign.

Ng K Y，Earley P，2006. Culture + intelligence：Old constructs，new frontiers[J]. Group and Organization Management，31(1)：4-19.

Ngo H Y，Turban D，Lau C M，et al.，1998. Human resource practices and firm performance of multinational corporations：Influences of country origin[J]. International Journal of Human Resource Management，9(4)：632-652.

Oberg K，1960. Cultural shock：Adjustment to new cultural environments[J]. Practical Anthropology，7(4)：177-182.

Pratama A P，Firman A F，2010. Exploring the use of qualitative research methodology in conducting research in cross cultural management[J]. The International Journal of Interdisciplinary Social Sciences：Annual Review，5(2)：331-344.

Ramesh A，Gelfand M J，2010. Will they stay or will they go？ The role of job embeddedness in predicting turnover in individualistic and collectivistic cultures[J]. Journal of Applied Psychology，95(5)：807-823.

Redmond M V，Bunyi J M，1993. The relationship of intercultural communication competence with stress and the handling of stress as reported by international students[J]. International Journal of Intercultural Relations，17(2)：235-254.

Ruben B D，1976. Assessing communication competency for intercultural adaptation[J]. Group and Organization Management，1(3)：334-354.

Ruben B D，Kealey D J，1979. Behavioral assessment of communication competency and the prediction of cross-cultural adaptation[J]. International Journal of Intercultural Relations，3(1)：15-47.

Samovar L A，2004. Communication between cultures [M]. 5th ed. Beijing：Peking University Press.

Schuler R S，1993. An integrative framework of strategic international human resource management[J]. Journal of Management，19(2)：419-459.

Sercu L，2004. Assessing intercultural competence：A framework for systematic test development in foreign language education and beyond[J]. Intercultural Education，15(1)：73-89.

Shaffer M A，Harrison D A，1998. Expatriates' psychological withdrawal from international assignments：Work，nonwork，and family influences[J]. Personnel Psychology，51(1)：87-118.

Tan D，Mahoney J T，2006. Why a multinational firm chooses expatriates：Integrating resource-based，agency and transaction costs perspectives[J]. Journal of Management Studies，43(3)：457-484.

Tan J S，2004. Issues & observations：Cultural intelligence and the global economy[J]. Leadership in Action，24(5)：19-21.

Taylor S，Beechler S，Napier N，1996. Toward an integrative model of strategic international human resource management[J]. Academy of Management Review，21(4)：959-985.

Tett R P，Burnett D D，2003. A personality trait-based interactionist model of job performance[J]. Journal of Applied Psychology，88(3)：500-517.

Tett R P，Guterman H A，2000. Situation trait relevance，trait expression，and cross-situational consistency：Testing a principle of trait activation[J]. Journal of Research in Personality，34(4)：397-423.

Tett R P，Simonet D V，Walser B，et al.，2013. Trait activation theory：Applications，developments，and implications for person-workplace fit[M]//Christiansen N D，Tett R P. Handbook of personality at work. New York：Routledge.

Thomas D C，2006. Domain and development of cultural intelligence：The importance of mindfulness[J]. Group and Organization Management，31(1)：78-99.

Ting-Toomey S，1999. Communicating across cultures[M]. New York：Guilford Press.

Tung R L，1982. Selection and training procedures of US，European，and Japanese multinationals[J]. California Management Review，25(1)：57-71.

White L A，1949. The science of culture：A study of man and civilization[M]. New York：Farrar，Straus and Giroux.

Wiseman R L，Hammer M R，Nishida H，1989. Predictors of intercultural communication competence[J]. International Journal of Intercultural Relations，13(3)：349-370.

Worley L P，1995. Working adolescents：Implications for counselors[J]. The School Counselor，42(3)：218-223.

Wright P M，1992. Theoretical perspectives for strategic human resource management[J]. Journal of Management，18(2)：295-320.

附录：文化智力测试量表

请您根据自己的实际感受和体会，对下面 20 项描述进行评价和判断，并在最符合的项下划"√"。评价和判断的标准(Ang et al.，2007)如下。

	描述	非常不同意(1)	同意(2)	稍微不同意(3)	中立(4)	稍微同意(5)	同意(6)	非常同意(7)
1	我能意识到自己在与不同文化背景的人交往时所应用的文化常识	1	2	3	4	5	6	7
2	当与陌生文化中的人交往时，我能调整自己的文化常识	1	2	3	4	5	6	7
3	我能意识到自己在跨文化交往时所运用的文化常识	1	2	3	4	5	6	7
4	当与来自不同文化的人交往时，我会检查自己的文化常识的准确性	1	2	3	4	5	6	7
5	我了解其他文化的法律和经济体系	1	2	3	4	5	6	7
6	我了解其他语言的规则(如词汇、语法)	1	2	3	4	5	6	7
7	我了解其他文化的价值观和宗教信仰	1	2	3	4	5	6	7
8	我了解其他文化的婚姻体系	1	2	3	4	5	6	7
9	我了解其他文化的艺术和手工艺品	1	2	3	4	5	6	7
10	我了解其他文化中表达非语言行为的规则	1	2	3	4	5	6	7
11	我喜欢与来自不同文化的人交往	1	2	3	4	5	6	7
12	我相信自己能够与陌生文化中的当地人进行交往	1	2	3	4	5	6	7
13	我确信自己可以处理适应新文化所带来的压力	1	2	3	4	5	6	7
14	我喜欢生活在自己不熟悉的文化中	1	2	3	4	5	6	7
15	我相信自己可以适应一个不同文化中的购物情境	1	2	3	4	5	6	7
16	我会根据跨文化交往的需要而改变自己的语言习惯(如口音、语调)	1	2	3	4	5	6	7
17	我有选择地使用停顿和沉默以适应不同的跨文化交往情境	1	2	3	4	5	6	7
18	我会根据跨文化交往的情境需要而改变自己的语速	1	2	3	4	5	6	7
19	我会根据跨文化交往的情境需要而改变自己的非语言行为(如手势、头部动作、站位的远近)	1	2	3	4	5	6	7
20	我会根据跨文化交往的情境需要而改变自己的面部表情	1	2	3	4	5	6	7

文化智力量表包括元认知文化智力量表、认知文化智力量表、动机文化智力量表和行为文化智力量表 4 个分量表，共 20 道题，可以计算各个量表所包含的题目的平均分或总分。

元认知文化智力量表：涉及个人在思维过程中的高级心理能力，预期他人的文化偏好，以及在跨文化体验期间和之后调整心理模型的能力，共 4 道题（第 1～4 题）。

认知文化智力量表：涉及从教育和个人经验中获取不同文化中的规范、做法和惯例的能力，共 6 道题（第 5～10 题）。

动机文化智力量表：涉及在不同文化情景下，引导注意力和经历的学习和运作能力，共 5 道题（第 11～15 题）。

行为文化智力量表：涉及在多种文化情景下表现出适当的言语和非言语行为的能力，共 5 道题（第 16～20 题）。